W9-BHF-812

Complete FrenchSmart

Grade **7**

ISBN: 978-1-927042-82-3

Copyright © 2013 Popular Book Company (Canada) Limited

Printed in China

ISBN: 978-1-927042-82-3

Contents

ISBN: 978-1-927042-82-3

Les sports

Sports

Vocabulaire : Les sports et les équipements

Révision : « Faire de... » et « jouer à... »

Grammaire : Les points cardinaux

Nous devons porter des casques pour faire du ski!

We must wear helmets when we ski!

de la = fém

~~de le~~ = du = masc.

A. Copiez les mots.
Copy the words.

à la montagne   on the mountain

_____

ah lah mohn·tahny

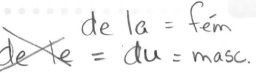

faire de... to do...

le ski skiing

~~fa~~ du skii

luh skee

l'alpinisme mountain climbing

de l' alpinisme

lahl·pee·neezm

la luge sledding

~~fa~~ de la lunge

lah lewj

le surf sur neige snowboarding

du

luh suhrf sewr nehj

le casque
helmet

le casque

luh kahsk

les bottes
boots

les bottes

leh boht

le surf des neiges
snowboard

du surf des neiges

luh suhrf deh nehj

les skis
skis

les skis

leh skee

les gants
gloves

les gants

leh gadn

le télésiège
ski lift

le télésiège

luh teh·leh·syehj

dans le ciel in the sky	à terre on land
_____	_____
daan luh syehl	*ah tehr*

àte = au

faire de...
to do...

jouer à... to play...

le parachutisme
parachuting

du Parachutisme
luh pah·rah·shew·teezm

le vol à voile
gliding

du vol à voila
luh vohl ah vwahl

le hockey	**le soccer**
hockey	soccer
au hockey	*au soccer*
luh oh·keh	*luh soh·kehr*
le tennis	**le football américain**
tennis	American football
au tennis	*au*
luh teh·neess	*luh foot·bohl ah·meh·ree·kahn*
le base-ball	**le basket-ball**
baseball	basketball
au base-ball	*au baskeh-ball*
luh behz·bohl	*luh bahs·keht·bohl*

à l'eau in water
_____
ah loh

faire de... to do...

la natation
swimming

de la natation
lah nah·tah·syohn

le canotage
canoeing

du canotage
luh kah·noh·tahj

le canot
the canoe

du canot
luh kah·noh

la plongée sous-marine
scuba diving

de la plongée sous-marine
lah plohn·jeh soo·mah·reen

la voile
sailing

de la voile
lah vwahl

le gilet de sauvetage
life jacket

du gilet de sauvetage
luh jee·teh duh sohv·tahj

le costume de bain
bathing suit

du costume de bain
luh kohs·tewm duh bahn

ISBN: 978-1-927042-82-3

B. Remplissez les tirets.
Fill in the blanks.

A   Quand il neige, j'aime aller à _la montagne_ .

B   Quand je fais d_u_ sk_i_ je prends le t_élé_si_é_g_e_ .

C   Quand je fais du canotage je porte un g_ilet_ d_e_ s_auve_t_age_ .

D   Je fais _du_ p_ara_ch_u_tis_M_e.

E   Je joue _du_ soccer avec un b_a_ll_o_n de football.

C. Construisez des phrases avec les mots donnés. Imitez l'exemple.
Make sentences with the given words. Follow the example.

> *J'ai besoin d'un ballon de football pour jouer au soccer.*

un ballon de football/ jouer au soccer

1. une raquette de tennis/jouer au tennis

   J'ai besoin d'une raquette de tennis pour jouer au tennis.

2. un costume de bain/faire de la natation

   J'ai besoin d'un costume de bain pour faire de la natation.

3. un canot/faire du canotage

   J'ai besoin d'un canot pour faire du canotage.

Grammaire

If a sport is "played" in English, then use "jouer à" in French and if a sport is "not played", then you have to use "faire de" in French.

	la	l'	le
à	à la	à l'	au
de	de la	de l'	du

e.g.   Je joue au tennis.
I play tennis.

Je fais de la luge.
I go sledding.

The verb "jouer" is conjugated like all regular "-ER" verbs of the first group, but "faire" is an irregular verb of the 3rd conjugation.

« faire »

je	fais
tu	fais
il/elle	fait
nous	faisons
vous	faites
ils/elles	font

D.   Complétez les phrases avec « faire de » ou « jouer à » selon le sport.
Complete the sentences with "faire de" or "jouer à" depending on the sport.

1.   Gilles, Olivier et Sarah (le ski) _font du ski_ en hiver.

2.   Jacques (l'alpinisme) _fait de l'alpinisme_ dans les montagnes.

3.   Mon oncle et ma tante (le surf sur neige) _font du surf sur neige_.

4.   Je (le soccer) _joue au soccer_ à l'école.

5.   Tous les jours, nous (le hockey) _jouons au hockey_ après l'école.

6.   Au Canada, nous (le canotage) _faisons du canotage_ dans les lacs.

7.   Tu (la plongée sous-marine) _fais de la plongée sous-marine_

8.   Toi et ta sœur, vous (le tennis) _jouer au tennis_ le samedi.

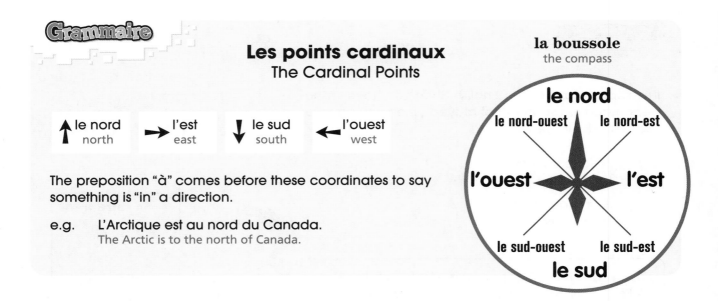

Les points cardinaux
The Cardinal Points

la boussole
the compass

↑ le nord
north

→ l'est
east

↓ le sud
south

← l'ouest
west

The preposition "à" comes before these coordinates to say something is "in" a direction.

e.g.   L'Arctique est au nord du Canada.
The Arctic is to the north of Canada.

le nord
le nord-ouest   le nord-est
l'ouest   l'est
le sud-ouest   le sud-est
le sud

E.   Dessinez votre portrait dans le cercle. Ensuite répondez aux questions.
Draw yourself in the circle. Then answer the questions.

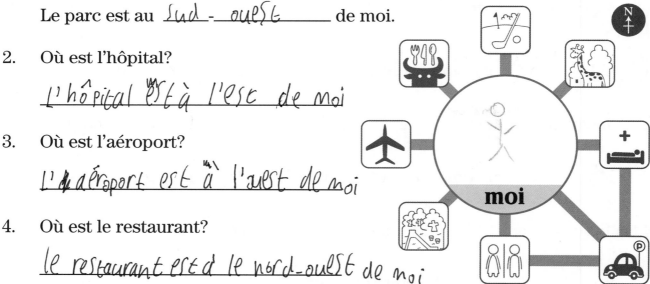

1.   Où est le parc?

Le parc est au _sud - ouest_ de moi.

2.   Où est l'hôpital?

L'hôpital est à l'est de moi

3.   Où est l'aéroport?

L'aéroport est à l'ouest de moi

4.   Où est le restaurant?

le restaurant est à le nord-ouest de moi

5.   Tu es au parc. Où sont les toilettes?

Les toilettes sont au sud de moi

6.   Tu es à l'hôpital. Où est le parking?

le parking est au sud de moi

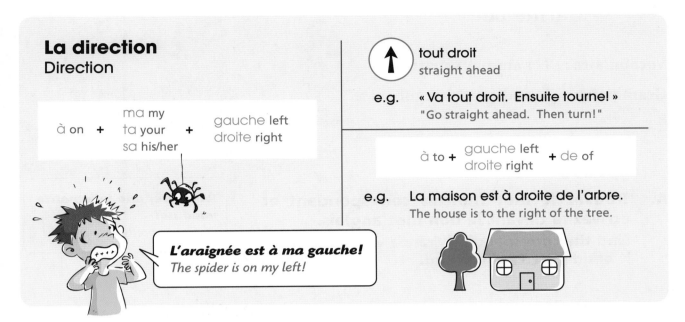

La direction
Direction

à on + ma my / ta your / sa his/her + gauche left / droite right

tout droit
straight ahead

e.g. « Va tout droit. Ensuite tourne! »
"Go straight ahead. Then turn!"

à to + gauche left / droite right + de of

e.g. La maison est à droite de l'arbre.
The house is to the right of the tree.

L'araignée est à ma gauche!
The spider is on my left!

F. **À l'aide de l'image, remplissez les tirets avec la bonne direction.**
With the help of the picture, fill in the blanks with the correct directions.

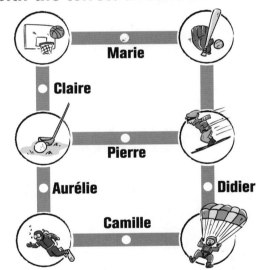

1. est __à gauche de__ Marie.

2. est __à droite de__ .

3. Camille est __à gauche de__ ,

   mais elle est __à droite de__ .

4. Pour aller à , Claire doit aller __tout droite__.

   Ensuite elle doit tourner __à gauche__ à .

5. Marie veut aller à . Elle doit aller __tout droite__.

   Ensuite elle doit tourner __à sa droite__ à . Elle doit continuer

   __tout droite__ jusqu'à .

Vocabulaire : Les animaux marins

Grammaire : Les adjectifs irréguliers

Vous êtes une jolie petite méduse!
You are a pretty little jellyfish!

A. Trouvez le mot français correspondant et écrivez-le devant le bon mot anglais.
Find the corresponding French word and write it beside the English word.

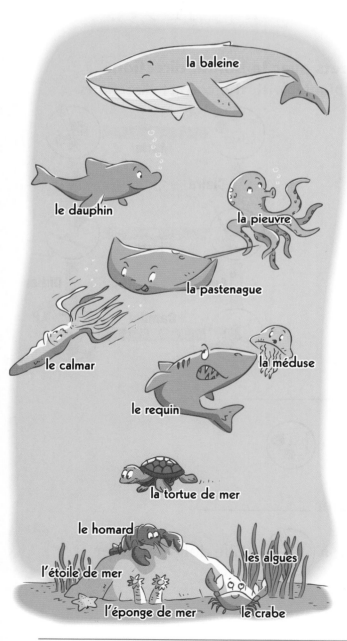

la baleine

le dauphin

la pieuvre

la pastenague

le calmar

la méduse

le requin

la tortue de mer

le homard

les algues

l'étoile de mer

l'éponge de mer

le crabe

1. __le calmar__ the squid
   luh kahl·mahr

2. __le pastenague__ the stingray
   lah pahs·tuh·nahg

3. __le crabe__ the crab
   luh krahb

4. __le baleine__ the whale
   lah bah·lehn

5. __l'étoile de mer__ the starfish
   leh·twahl duh mehr

6. __le dauphin__ the dolphin
   luh doh·fahn

7. __le requin__ the shark
   luh ruh·kahn

8. __le homard__ the lobster
   luh oh·mahr

9. __la tortue de mer__ the sea turtle
   lah tohr·tew duh mehr

10. __l'éponge de mer__ the sea sponge
    leh·pohnj duh mehr

11. __les algues__ the seaweed
    leh zahlg

12. __la méduse__ the jellyfish
    lah meh·dewz

13. __la pieuvre__ the octopus
    lah pyuhvr

ISBN: 978-1-927042-82-3

B. **Mettez les animaux marins dans les bons groupes.**
Put the sea animals into the correct groups.

 Ils ont des tentacules. They have tentacles.

le calmar, la pieuvre, la méduse

Ils ont une carapace. They have a shell.

la tortue de mer, le crabe, le homard

Ils ont des nageoires. They have fins/flippers.

le dauphin, le requin, la baleine

~~la méduse~~
~~le crabe~~
~~le homard~~
~~la pieuvre~~
~~le dauphin~~
~~le requin~~
~~le calmar~~
~~la baleine~~
~~la tortue de mer~~

C. **Écrivez le nom de chaque organisme. Ensuite reliez-le au bon mot anglais.**
Write the name of each life form. Then match it with the correct English word.

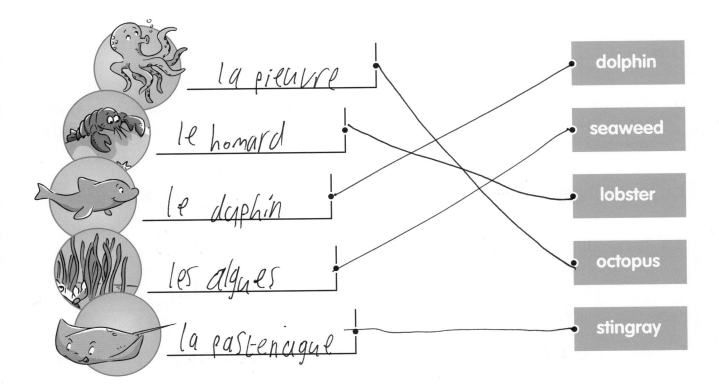

la pieuvre — dolphin

le homard — seaweed

le dauphin — lobster

les algues — octopus

la pastenague — stingray

Les adjectifs irréguliers
Irregular Adjectives

> French adjectives must agree in gender and number with the noun they describe.

The general rule to make adjectives feminine is:

adj.(m.) + -e → adj.(f.)

e.g. intéressant (m.)

   ↓ + -e

intéressante (f.)

French adjectives that take an irregular feminine form are:

m.	f.	
long	longue	long
public	publique	public
doux	douce	soft
faux	fausse	false
favori	favorite	favourite
sec	sèche	dry
blanc	blanche	white

The following table shows the singular endings for masculine and feminine adjectives:

m.	f.	exemple		
-el	-elle	cruel	→	cruelle
-il	-ille	gentil	→	gentille
-en	-enne	canadien	→	canadienne
-on	-onne	bon	→	bonne
-os	-osse	gros	→	grosse
-eau	-elle	nouveau	→	nouvelle
-ou	-olle	mou	→	molle
-eur/eux	-euse	heureux	→	heureuse
-e	doesn't change	triste	→	triste

The general rule to make adjectives plural is:

adj.(sg.) + -s → adj.(pl.)

e.g. intéressante (f. sg.)

   ↓ + -s

intéressantes (f.pl.)

sg.	pl.
-eau	-eaux
-eu	-eux
-ou	-oux
-s/x	doesn't change

D. **Écrivez la bonne forme de l'adjectif selon le genre et le nombre du nom.**
Write the correct form of the adjective depending on the gender and the number of the noun.

1. une femme _italienne_
   italien

2. une _belle_ baleine
   beau

3. les méduses _molles_
   mou

4. les crabes _frais_
   frais

5. un _gros_ requin
   gros

6. une algue _doux_
   doux

7. les _beaux_ homards
   beau

8. une _gentille_ étoile de mer
   gentil

E. Écrivez la bonne forme de l'adjectif.
Write the correct form of the adjective.

Bonjour! Je m'appelle Samuel. J'habite au bord d'un

grande (grand) océan _ancien_ (ancien). Ma

mère m'apprend à faire de la plongée sous-marine. J'ai

une bouteille de plongée₁ _blanche_ (blanc) et des palmes₂

grises (gris). Le fond₃ de l'océan est très _sombres_ (sombre₄) parce

qu'il est _profond_ (profond₅). J'aime regarder les pastenagues avec leurs

ventres (m.) _blanche_ (blanc) et _doux_ (doux). Elles ne sont jamais

secs (sec); au contraire, elles sont toujours _mouillées_ (mouillé₆)

parce qu'elles ne sortent jamais de l'eau. Ma mère, elle aime recueillir₇ de

gros (gros) crustacés₈ comme des crabes et des crevettes. Parfois, nous

faisons de la pêche sous-marine ensemble. Les poissons que nous pêchons sont

très _délicieux_ (délicieux) et _délicats_ (délicat). Quand nous rentrons

chez nous, nous faisons cuire₉ les poissons et les

crustacés _frais_ (frais).

Ma mère aime bien cette

partie₁₀ de la journée!

1. *une bouteille de plongée :* *a scuba tank*
2. *une palme :* *a flipper*
3. *le fond :* *the bottom*
4. *sombre :* *dark*
5. *profond :* *deep*
6. *mouillé :* *wet*
7. *recueillir :* *to gather*
8. *le crustacé :* *shellfish*
9. *faire cuire :* *to cook*
10. *une partie :* *a part*

Grammaire

La position des adjectifs
The Position of Adjectives

In French, most adjectives (especially the longer ones) go after the noun!

e.g.
une fille fantastique
un journal hebdomadaire

noun	adjective
masculin	féminin
bas	basse
*blanc	blanche
franc	franche
frais	fraîche
sec	sèche
roux	rousse
faux	fausse
public	publique
fou	folle
mou	molle
cruel	cruelle
drôle	drôle

* Most colour adjectives go after the noun.

adjective	noun
masculin	féminin
beau (bel+vowel)	belle
bon	bonne
mauvais	mauvaise
joli	jolie
gentil	gentille
long	longue
court	courte
grand	grande
gros	grosse
petit	petite
premier	première
dernier	dernière
nouveau (nouvel+vowel)	nouvelle
vieux (vieil+vowel)	vieille

However, in some cases (usually when the adjective has only one syllable), they are placed before the noun.

e.g.
une belle fille
un gros journal

F. **Ajoutez l'adjectif à la bonne place dans la phrase avec « ^ ».**
Add the given adjective in the correct place in the sentence with "^".

1. Je mange beaucoup de légumes. (frais)

2. Elle portent des jupes. (courtes)

3. Nous portons des chandails de hockey. (nouveaux)

4. Mon chien n'aime plus courir dans le parc. (vieux)

5. La robe est dans le magasin. (jolie ; petit)

6. Ils vont bâtir un hôtel à côté du pont. (nouvel ; petit)

G. Écrivez une phrase pour chaque image en utilisant les adjectifs contraires.
Write a sentence for each picture by using opposite adjectives.

grande

cruel

premier

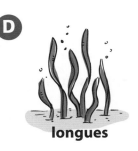
longues

A La baleine est ___grande___ , elle n'est pas petite.

B Le requin est cruel, mais il n'est pa genil

C le ~~chapp~~ crabe est premier, il n'est pas dernier.

D les algues sont longues, elles ne sont pas courtes

H. Remplissez les tirets avec le bon adjectif comparatif.
Fill in the blanks with the correct comparative adjectives.

1. La baleine est __plus__ gentille __que__ le requin.
   nicer than

2. La pastenague est __moins drole que__ le dauphin.
   less funny than

3. La pieuvre est __plus grand que__ le calmar.
   larger than

4. Le homard est __moins ~~jolie~~ jolie que__ l'étoile de mer.
   less pretty than

5. La tortue est __âgés de plus de__ la crevette.
   older than

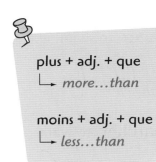

plus + adj. + que
↳ *more...than*

moins + adj. + que
↳ *less...than*

L'impératif

The Imperative

Révision : Les verbes réguliers en « -ER »,
« -IR » et « -RE »

L'impératif

Expressions : « Arrête de... »

Arrête de me regarder! Mange!
Stop looking at me! Eat!

A. Copiez les mots.
Copy the words.

Les verbes du...

1ᵉʳ groupe « -ER »

parler to talk

parler
pahr·leh

sauter to jump

sauter
soh·teh

manger to eat

manger
maan·jeh

nager to swim

nager
nah·jeh

marcher to walk

marcher
mahr·sheh

chanter to sing

chanter
shaan·teh

2ᵉ groupe « -IR »

choisir to choose

choisir
shwah·zeer

finir to finish

finir
fee·neer

remplir to fill

remplir
raam·pleer

obéir to obey

obéir
oh·beh·yeer

réussir to succeed

réussir
reh·ew·seer

nourrir to feed

nourrir
noo·reer

3ᵉ groupe « -RE »

répondre to answer

répondre
reh·pohndr

attendre to wait

attendre
ah·taandr

rendre to return

rendre
raandr

entendre to hear

entendre
aan·taandr

défendre to defend

défendre
deh·faandr

vendre to sell

vendre
vaandr

ISBN: 978-1-927042-82-3

Les terminaisons
Verb Endings

	« -ER »	« -IR »	« -RE »
je	-e	-is	-s
tu	-es	-is	-s
il/elle	-e	-it	—
nous	-*(e)ons	-issons	-ons
vous	-ez	-issez	-ez
ils/elles	-ent	-issent	-ent

* "–eons" is only used in the first person plural of verbs ending with "-GER".

Je vends des œufs.
I sell eggs.

Je mange des œufs.
I eat eggs.

B. Remplissez les tirets avec la bonne forme du verbe donné.
Fill in the blanks with the correct form of the given verbs.

1. Je _____finis_____ (finir) toujours mes devoirs.

2. Nous _____mangeons_____ (manger) beaucoup de légumes.

3. Est-ce que tu _____rends_____ (rendre) les livres à la bibliothèque?

4. Vous _____réussissez_____ (réussir) dans la vie.

5. Les lapins _____sautent_____ (sauter) très haut.

6. Ils _____obéissent_____ (obéir) à leurs parents.

7. Tu _____réponds_____ (répondre) aux questions.

8. Tu _____remplis_____ (remplir) le verre avec du jus.

9. Je _____parle_____ (parler) à mes amis.

10. Il _____défendre_____ (défendre) sa sœur.

L'impératif
The Imperative

The imperative expresses a command or a request. The imperative is used only in the 2nd person singular (tu), 1st person plural (nous), and 2nd person plural (vous). In the imperative, the subject pronouns are not expressed.

	1er groupe « -ER »	2e groupe « -IR »	3e groupe « -RE »
tu you (sg.)	Mange✗!* Eat!	Finis! Finish!	Réponds! Answer!
nous we (pl.)	Mangeons! Let's eat!	Finissons! Let's finish!	Répondons! Let's answer!
vous you (pl./polite "tu")	Mangez! Eat!	Finissez! Finish!	Répondez! Answer!

* In the imperative, "-ER" verbs do not take the usual "-s" ending in the 2nd person singular.

Mangeons!

C. **Identifiez la personne qui reçoit la commande. Écrivez la bonne lettre dans la case.**

Identify to whom the command is addressed. Write the correct letter in the box.

A — tu
nous — B
C — vous

C	Répondez à la question!
A	Lave-toi!
A	Choisis un livre!
B	Finissons le cours!
B	Écoutons les annonces!

D. Remplissez les tirets avec la bonne forme du verbe.
Fill in the blanks with the correct form of the verbs.

Martin,

1. _____finis_____ tes devoirs!
   finish

2. _____lave_____ tes vêtements!
   wash

3. _____Nourris_____ le chien!
   feed

4. _____Rends_____ les livres à la
   return

   bibliothèque!

5. _____Mange_____ le gâteau!
   eat

6. _____chantez_____ la chanson!
   sing (vous)

7. _____Répondez_____ aux questions!
   answer (vous)

8. _____Choisissez_____ la bonne réponse!
   choose (vous)

9. _____Vendons_____ de la limonade cet été!
   let's sell

10. _____Finissons_____ le lait au chocolat!
    let's finish

11. _____ les tirets avec la bonne forme.
    fill in (vous)   the blanks with the correct form.

L'impératif et la négation
The Imperative and the Negative

Use negative adverbs (ne...pas/jamais, etc.) with the imperative to command or tell someone not to do something.

Negative Adverbs:

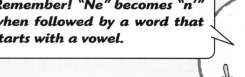

Remember! "Ne" becomes "n'" when followed by a word that starts with a vowel.

- ne...pas not
  e.g. Ne parle pas! Don't speak!

- ne...jamais not ever/never
  e.g. Ne nagez jamais dans le lac! Don't ever/Never swim in the lake!

- ne...plus not anymore/no more
  e.g. Ne regardons plus la télévision! Let's not watch TV anymore!

E. Écrivez les phrases impératives au négatif.
Write the imperative sentences in the negative.

1. Lave mon chandail à la machine! (ne...pas)

    Ne lave pas mon chandail à la machine

2. Nageons dans le lac! (ne...jamais)

    Ne nageons jamais le lac.

3. Jouez au football américain sans casques! (ne...jamais)

    Ne jouez jamais au football américain

4. Mange des bonbons! (ne...plus)

    Ne. mange plus des bonbons

Arrêtez de rire!
Stop laughing!

En anglais :	**En français :**
In English	**In French**
"Stop (verb) + '-ing'."	« Arrête/Arrêtez de + infinitif »
"Let's stop (verb) + '-ing'."	« Arrêtons de + infinitif »

F. Commandez aux gens de s'arrêter.
Command the person to stop what they are doing.

1. Jacqueline parle. (tu)

   Arrête de parler

2. Nous étudions. (nous)

   Arrêtons d'étudier

3. Manon saute sur son lit. (tu)

   Arrête de ~~mo~~ sauter sur ton lit.

4. Marc et Julie nagent dans la piscine. (vous)

   Arrêtez de nager dans la piscine

5. Elles salissent leurs robes. (vous)

   Arrêtez de salir

6. Le chat marche sur le canapé. (tu)

   Arrête de marcher sur le canapé

7. Samuel et Joseph écoutent aux portes. (vous)

   Arrêtez d'écouter aux portes

La technologie et l'Internet

Technology and the Internet

Vocabulaire : Le jargon informatique

Grammaire : L'interrogatif et l'inversion

> **Je peux voir ma famille sur l'écran!**
> *I can see my family on the screen!*

A. Copiez les mots.
Copy the words.

l'ordinateur (m.) the computer

lohr·dee·nah·tuhr

A l'imprimante (f.)
the printer

lahm·pree·maant

B l'écran (m.)
the screen

leh·kraan

C le clavier
the keyboard

luh klah·vyeh

D la souris
the mouse

lah soo·ree

l'icône (f.)
the icon

lee·kohn

l'Internet (m.)
the Internet

lahn·tehr·neht

la page d'accueil
the home page

lah pahj dah·kuhy

l'aide (f.)
help

lehd

le site Web
the website

luh seet wehb

le curseur
the cursor

luh kuhr·suhr

le message
the message

luh meh·sahj

le courriel
the e-mail

luh koo·ryehl

le blogue
the blog

luh blohg

ISBN: 978-1-927042-82-3

Les verbes

"Télécharger" is conjugated like "manger/nager".
1ʳᵉ personne plurielle ⟶ téléchargeons

envoyer
to send

envoyer
aan·vwah·yeh

rechercher
to search

rechercher
ruh·shehr·sheh

télécharger
to download

télécharger
teh·leh·shahr·jeh

taper
to type

taper
tah·peh

surfer
to surf

surfer
suhr·feh

bloguer
to blog

bloguer
bloh·geh

cliquer
to click

cliquer
klee·keh

annuler
to cancel

annuler
ah·new·leh

imprimer
to print

imprimer
ahm·pree·meh

« envoyer »

j'envoie

tu envoies

il/elle envoie

nous envoyons

vous envoyez

ils/elles envoient

B. Complétez les phrases avec les bons mots.

Complete the sentences with the correct words.

1. Béatrice _tape_ (types) sur _le clavier_ (keyboard).

2. Marie _surfe_ (surfs) sur _l'Internet_ (the Internet).

3. Stéphane _clique_ (clicks) sur _l'icône_ (the icon).

4. Vous _type_ (type) votre mot de passe.
   moh duh pahs
   password

5.
   J' _envoyer_ (send)

   un _courriel_ (an e-mail) à mon ami.

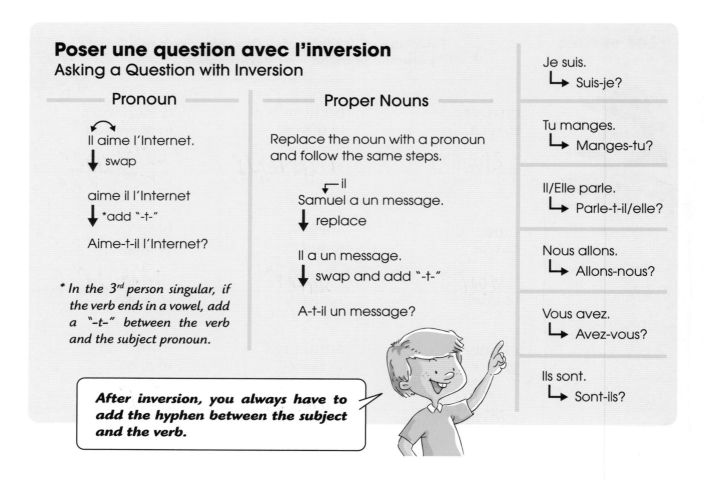

Poser une question avec l'inversion
Asking a Question with Inversion

Pronoun

Il aime l'Internet.

↓ swap

aime il l'Internet

↓ *add "-t-"

Aime-t-il l'Internet?

In the 3rd person singular, if the verb ends in a vowel, add a "-t-" between the verb and the subject pronoun.

Proper Nouns

Replace the noun with a pronoun and follow the same steps.

┌ il
Samuel a un message.

↓ replace

Il a un message.

↓ swap and add "-t-"

A-t-il un message?

After inversion, you always have to add the hyphen between the subject and the verb.

Je suis.
↳ Suis-je?

Tu manges.
↳ Manges-tu?

Il/Elle parle.
↳ Parle-t-il/elle?

Nous allons.
↳ Allons-nous?

Vous avez.
↳ Avez-vous?

Ils sont.
↳ Sont-ils?

C. **Changez les phrases en questions avec l'inversion.**
Change the sentences into questions using inversion.

1. L'étudiant a besoin d'aide.

   L'etudiant a-t-il besoin d'aide ?

2. Moi et Luc cherchons le mot clé sur le site Web.

   cherchons nous le mot clé sur le site web?

3. Son adresse électronique est vjoor245@popular.com.

   Son adresse electronique est elle vjoor245@popular.com?

4. Zoé télécharge ses devoirs du site Web.

   zoé télécharge t-elle ses devoirs du site web?

L'adjectif interrogatif « quel »
The Interrogative Adjective "Quel"

« **Quel** » what/which

- can be followed by a noun
  e.g. Quelle saison préfères-tu? Which season do you prefer?

- can be followed by "être + noun"
  e.g. Quelle est ta saison préférée? What is your favourite season?

- must always agree in gender and number with the noun that follows

Les différentes formes de « quel »

quel (m.sg.)

quelle (f.sg.)

quels (m.pl.)

quelles (f.pl.)

Quel moule préfères-tu?
Which mould do you prefer?

Je préfère l'étoile. Quel est ton moule préféré?
I prefer the star. Which mould do you prefer?

D. **Remplissez les tirets avec la bonne forme de « quel ».**
Fill in the blanks with the correct form of "quel".

1. _____Quel_____ mot de passe (m.) choisis-tu?

2. _____Quel_____ est ton courriel?

3. _____Quelles_____ imprimantes avez-vous à la maison?

4. _____Quel_____ site Web visites-tu régulièrement?

5. _____Quelle_____ souris utilise-t-elle?

6. _____Quels_____ blogues aiment-ils les plus?

7. _____Quel_____ message envoyons-nous?

8. _____Quelles_____ sont les adresses (f.pl.) les plus importantes?

E. **Complétez les phrases. Ensuite répondez aux questions.**
   Complete the sentences.   Then answer the questions.

1. _____Quel_____ est le courriel de Jérôme?

   Le courriel de Jérôme est _jérôme177@pop.world.ca._

2. _____Quelle_____ est l'adresse de la page d'accueil?

   ~~Masd~~ l'adresse de la page d'accuei'est ~~????~~
   www.popularbook.ca

3. _____Quelle_____ est la couleur principale de la page?

   la couleur principale de la page ~~par~~ est grise.

4. Sur _____Quelle_____ image (f.) le curseur se trouve-t-il?

   le ~~curde~~ curseur se trouve sur l'image ~~ada~~ du
   garçon.

5. _____Quel_____ est le mot de passe de Jérôme?

   le mot de passe de Jérôme est "populaire.

6. Jérôme envoie le courriel à _____quelle_____ adresse (f.)?

   Jérôme envoie le courriel à mélodie333@pop.world.ca

F. **Répondez aux questions avec « oui/non »**
à l'aide de l'image en question E.

Answer the questions with "Oui/Non" with
the help of the picture in question E.

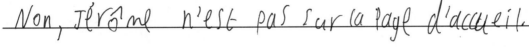

1. Le garçon crie-t-il « Envoyez! »?

   _Oui_____ , le garçon crie « Envoyez! ».

2. Jérôme, est-il sur la page d'accueil?

   Non, Jérôme n'est pas sur la page d'accueil.

3. Jérôme, clique-t-il sur l'icône de l'imprimante?

   Non, Jérôme ne clique pas sur l'icône de l'imprimante.

4. Jérôme, envoie-t-il le message?

   oui, Jérôme ennio envoie le message.

5. Le garçon, est-il à gauche du message?

   Oui, le garçon est à gauche de message.

6. Le mot de passe, est-il « mélodie333 »?

   Non, le mot de passe est « popular ».

7. Le message, a-t-il un sujet?

   oui, le sujet du message est " frenchsmart est un vrai
   regal!".

8. Jérôme, annule-t-il le message?

   non, Jérôme n'annule pas le message.

Le monde

The World

Vocabulaire : Les pays du monde

Grammaire : Les prépositions « à » et « en » avec les pays

Compréhension : Les Canadiens célèbres

> *Je vais aller partout dans le monde!*
> *I'm going to go all around the world.*

A. Copiez les noms des pays.
Copy the names of the countries.

la carte du monde the world map

la carte du monde

lah kahrt dew mohnd

un pays
a country

un pays

euhn peh·yee

la nationalité
nationality

la nationalité

lah nah·syoh·nah·lee·teh

l'Amérique du Nord
North America

le Canada
Canada

le canada

luh kah·nah·dah

le Mexique
Mexico

le mexique

luh mehk·seek

les États-Unis
the United States

les États-Unis

leh zeh·tah·zew·nee

la Jamaïque
Jamaica

la Jamaïque

lah jah·mah·eek

l'Australie
Australia

l'Australie

lohs·trah·lee

l'Antarctique
Antarctica

l'Antarctique

laan·tahrk·teek

ISBN: 978-1-927042-82-3

l'Asie Asia

le Japon
Japan

le Japon

luh jah·pohn

l'Inde
India

l'Inde

lahnd

la Chine
China

la chine

lah sheen

la Russie
Russia

la Russie

lah rew·see

Israël
Israel

Israël

eez·rah·ehl

la Corée du Sud
South Korea

la Crée du sud

lah koh·reh dew sewd

l'Amérique du Sud South America

le Brésil
Brazil

le Brésil

luh breh·zeel

l'Argentine
Argentina

l'Argentine

lahr·jaan·teen

l'Europe Europe

l'Angleterre
England

l'Angleterre

laan·gluh·tehr

la France
France

la France

lah fraans

la Colombie
Colombia

la colombie

lah koh·lohm·bee

le Pérou
Peru

le pp pérou

luh peh·roo

l'Allemagne
Germany

l'Allemagne

lahl·mahny

l'Italie
Italy

l'Italie

lee·tah·lee

l'Équateur
Ecuador

l'Équateur

leh·kwah·tuhr

le Venezuela
Venezuela

le venezuela

luh veh·neh·zweh·lah

l'Irlande
Ireland

l'Irlande

leer·laand

l'Espagne
Spain

l'Espagne

lehs·pahny

l'Afrique Africa

le Maroc
Morocco

le maroc

luh mah·rohk

le Kenya
Kenya

le kenya

luh keh·nyah

le Zimbabwe
Zimbabwe

le Zimbabwe

luh zeem·bahb·weh

l'Afrique du Sud
South Africa

l'Afrique du Sud

lah·freek dew sewd

l'Algérie
Algeria

l'Algérie

lahl·jeh·ree

l'Égypte
Egypt

l'Égypte

leh·jeept

Grammaire

In French, the names of countries begin with a capital letter. However, nationality adjectives begin with a lower case letter.

Nationality adjectives, like descriptive adjectives, have both a masculine and a feminine form. They always agree in number and gender with the noun they describe.

> un citoyen **canadien**
> a Canadian citizen

B. Complétez la grille des adjectifs. Ensuite reliez chaque paire d'adjectifs au bon pays.

Complete the nationality adjective table. Then match each pair of adjectives with the correct country.

Les adjectifs de nationalité

	m.	f.
-ien → -ienne	canadien	canadienne
	australien	australienne
	brésilien	brésilienne
+e	mexicain	mexicaine
	chinois	chinoise
	kényan	kényane
	japonais	japonaise
	alleman	allemande
	anglais	anglaise
	espagnol	espagnole
no change	russe	russe
	suisse	suisse
	belge	belge

Les pays

l'Allemagne

le Japon

la Russie

la Belgique

la Chine

l'Espagne

l'Australie

le Canada

le Brésil

le Kenya

l'Angleterre

la Suisse

le Mexique

ISBN: 978-1-927042-82-3

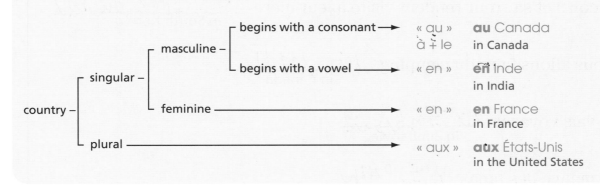

Les prépositions « à » et « en »
The Prepositions "à" and "en"

The prepositions "à" and "en" are put before the names of countries to express location "in" that country.

à/en ➕ a country

country —
- singular —
  - masculine —
    - begins with a consonant � → « au » **au** Canada
      à + le in Canada
    - begins with a vowel �Ｃ→ « en » **en** Inde
      in India
  - feminine ───────────────── « en » **en** France
    in France
- plural ──────────────────────── « aux » **aux** États-Unis
  in the United States

C. **Remplissez les tirets avec la bonne préposition.**
Fill in the blanks with the correct prepositions.

1. Sophie habite _au_ Canada avec ses parents.

2. Nous allons faire de la natation dans la mer du Nord, _en_ Belgique.   5.5

3. J'aime bien faire du surf _en_ Australie.

4. Cet été, je vais aller au camp de foot _au_ Brésil.

5. La reine habite _en_ Angleterre.

6. La ville de New York est _aux_ États-Unis.

7. Moi et ma famille, nous allons _en_ France.

8. Pour mes vacances, je préfère aller _en_ Italie.

9. _En_ Antarctique, il y a des baleines bleues.

D. **Remplissez les tirets avec la bonne préposition et le bon nom du pays.**
Fill in the blanks with the correct prepositions and country names.

1. Mon père et moi, nous habitons _en Suisse_ .
   in Switzerland

2. Nicolas et sa sœur rendent visite à leur mère _en corée du sud_
   in South Korea

3. Nous allons faire du camping _au canada_ .
   in Canada

4. Je vais voyager _au Zimbabwe_ .
   in Zimbabwe

5. Je mange des tapas _en Espagne_ .
   in Spain

6. Ils regardent les peintures au musée du Louvre, _en france_ .
   in France

7. Nous jouons de la flûte de Pan _au pérou_ .
   in Peru

8. Je bois du café _en colombie_ .
   in Colombia

9. Elles jouent au cricket _en ~~Angel~~ Angleterre_
   in England

10. Vous allez visiter les pyramides
    en Égypte .
    in Egypt

ISBN: 978-1-927042-82-3

E. Remplissez les tirets avec le bon pronom. Ensuite répondez aux questions.
Fill in the blanks with the correct pronouns. Then answer the questions.

—————— **Joseph-Armand Bombardier** ——————
« 16 avril 1907 – 18 février 1964 »

La marque Bombardier est connue à travers[1] le monde. C'est le canadien Joseph-Armand Bombardier, né _au_ Québec (m.), qui a fondé[2] la compagnie Bombardier. Il était[3] aussi l'inventeur[4] de la motoneige[5]. Aujourd'hui, Bombardier fabrique plus que des motoneiges! Les services de transport qui portent la marque Bombardier se trouvent _en_ France, _au_ Mexique, _en_ Inde, _au_ Japon, _en_ Corée du Sud et même _au_ Canada! N'êtes-vous pas fiers[6] d'être canadien comme cette compagnie prospère?

1. Où est-ce que Joseph-Armand Bombardier est né?

   Joseph-Armand Bombardier est né au Québec

2. Quelle est sa nationalité?

   Il est canadien

3. Où trouve-t-on les services de transport qui portent la marque Bombardier?

   on les trouve en France, au Mexique, en Inde, au Japon, en Corée du Sud et au Canada

1. *à travers* : across   **2.** *fonder* : to found/establish   **3.** *était* : was

4. *l'inventeur* : the inventor   **5.** *la motoneige* : the snowmobile   **6.** *fier, fière* : proud

Au jardin

In the Garden

Vocabulaire : Mots pour faire du jardinage

Révision : « Est-ce que... »

Grammaire : Les pronoms et les adverbes interrogatifs

A. Copiez les mots.
Copy the words.

> **Qu'est-ce que vous aimez faire dans votre jardin?**
> *What do you like to do in your garden?*

Dans mon jardin il y a...

l'herbe (f.)
the grass

l'herbe

lehrb

les fleurs
the flowers

les fleurs

leh fluhr

le ver
the worm

le ver

luh vehr

la brouette
the wheelbarrow

la brouette

lah broo·eht

la terre
the earth

la terre

lah tehr

la pelle
the shovel

la pelle

lah pehl

le gazon
the lawn

le gazon

luh gah·zohn

l'arrosoir (m.)
the watering can

l'arrosoir

lah·roh·zwahr

Dans mon jardin j'aime...

tondre to mow

tondre

tohndr

arroser to water

arroser

ah·roh·zeh

pousser to grow

pousse

poo·seh

cueillir* to gather

cueillir

kuh·yeer

> ***"Cueillir"** is conjugated like an "-ER" verb.*

arracher to rip out

arracher

ah·rah·sheh

remplir to fill

remplir

raam·pleer

planter to plant

planter

plaan·teh

ISBN: 978-1-927042-82-3

B. **Remplissez les tirets pour compléter les paroles des personnages.**

Fill in the blanks to complete what the people are saying.

Aujourd'hui, je 1. *descends* dans mon
to go down (au présent)

2. *Jardin* pour 3. *tondre*
garden to mow

4. *le gazon*. Je 5. *fais*
the grass to do (au présent)

attention à ne pas 6. *arracher*
to rip out

7. *les fleurs*. J'aime bien
the flowers

8. *Travailler*
to work

au jardin.

Nous aimons 9. *planter*
to plant

les fleurs. Nous aimons aussi

10. *regarder* les fleurs. Mais
to look

Sarah, elle aime 11. *Cueillir*
to gather

les fleurs le plus.

Demain, je vais descendre dans le jardin

pour 12. *arroser* les fleurs. Je vais
to water

13. *remplir* mon gros 14. *arrosoir*
to fill watering can

gris avec de l'eau. J'aime 15. *regarder* 16. *les vers* sur 17. *la terre*.
to watch the worms the earth

Les vers de terre aident les fleurs et 18. *le gazon* à 19. *pousser*.
the grass to grow

Poser une question avec « est-ce que »
Asking a Question with "est-ce que"

In French, you can turn any sentence into a question by putting "est-ce que" at the beginning.

e.g.   Le chat est noir et blanc. ◄—— sentence

Est-ce que le chat est noir et blanc? ◄—— question

Is the cat black and white?

C.   Transformez les questions suivantes en questions avec « est-ce que ».
Change the following into questions with "est-ce que".

1.   La fleur pousse-t-elle dans le jardin?

 Est-ce que _____ la fleur pousse dans le jardin?

2.   Manon pousse-t-elle la brouette?

 Est-ce que manon pousse la brouett

3.   Arrosons-nous le jardin?

 Est-ce que nous arrosoir le jardin

4.   Remplis-tu l'arrosoir?

 Est-ce que tu remplis l'arrosoir

5.   Portes-tu des gants de jardinage?

 Est-ce que tu portes des gants de jardinage

6.   As-tu faim Minou?

 Est-ce que tu as faim minou

ISBN: 978-1-927042-82-3

Les adverbes interrogatifs
Interrogative Adverbs

Car

Quand est-ce que nous allons planter les graines?
When

Comment est-ce que tu tonds le gazon?
How

Combien de vers est-ce que tu as?
How many

Où est-ce qu'il va planter les tomates?
Where

Pourquoi est-ce qu'elle pousse la brouette?
Why

Quand · Comment
Combien de · Où · Pourquoi
_____

These interrogative adverbs can also be placed before questions formed with inversion.

D. **Encerclez l'adverbe interrogatif correspondant aux mots soulignés.**
Circle the interrogative adverb that corresponds to the underlined word.

1. Marie plante des légumes dans le jardin.   Où / Qui / Comment

2. Je plante trois fleurs.   Qui / Où / Combien de

3. Le radis pousse sous la terre.   Quand / Comment / Où

4. Il tond le gazon chaque semaine.   Quand / Où / Pourquoi

5. J'aime arracher les carottes avec mes mains.   Combien de / Où / Comment

6. Les garçons arrosent les plantes.   Quand / Qui / Comment

7. Il n'aime pas la pomme parce qu'elle n'est pas mûre.   Quand / Où / Pourquoi

Les pronoms interrogatifs
Interrogative Pronouns

« **Qui** » who/whom (person) ——————

Subject (who) Qui? Qui est-ce qui?

Marie regarde Paul.
subject (person)

• **Qui** regarde Paul?

• **Qui est-ce qui** regarde Paul?

Object (whom) ——————

Qui + Inversion   Qui est-ce que?

Marie regarde **Paul**.
                object (person)

• **Qui** regarde-t-elle?

• **Qui est-ce qu'**elle regarde?

« **Que** » *est* what (thing) ——————

Subject (what) Qu'est-ce qui?

Le chat danse.
subject (thing)

• **Qu'est-ce qui** danse?

Object (what) ——————

Que + Inversion

Qu'est-ce que?

Marie regarde **la télévision**.
                object (thing)

• **Que** regarde-t-elle?

• **Qu'est-ce qu'**elle regarde?

E.   **Encerclez le rôle grammatical du mot souligné.   Ensuite posez une question dont le mot souligné est la réponse.**
Circle the grammatical role of the underlined word. Then ask a question about the underlined word.

1.   Marie mange son repas.   sujet/objet

   Question : *Qui mange marie son repas?*

2.   Marie embrasse son chat.   sujet/objet

   Question : *Qui est-ce qui embrasse son chat?*

3.   Paul aime sa mère.   sujet/objet

   Question : *qui est-ce que paul aime?*

F. **Écrivez les questions du journaliste selon les réponses de Murielle.**
Write the journalist's questions based on Murielle's answers.

1. **J** : _Combien de_ couleurs différentes est-ce que vous avez dans votre jardin?

Le jardin de Murielle gagne le premier prix!

M : J'ai trois couleurs différentes dans mon jardin : le jaune, le rouge et le violet.

2. **J** : _Quand est-ce que vous plantez vos graines?_

M : Je plante mes graines en avril.

3. **J** : _où est votre jardin?_

M : Mon jardin est derrière ma maison.

4. **J** : _pourquoi est-ce que vous plantez toujourss de roses?_

M : Je plante toujours des roses parce que j'aime la couleur rouge.

5. **J** : _Comment est-ce que vous arrosez vos plantes?_

M : J'arrose mes plantes avec un gros arrosoir.

6. **J** : _Comment est-ce que vous cueillez vos fleurs?_

M : Je cueille mes fleurs avec mes mains.

Unité 7

La fête

The Party

Vocabulaire : Les articles de fête

Grammaire : Les adjectifs démonstratifs

> *Cette fête est géniale!*
> *This party is great!*

A. Copiez les mots.
Copy the words.

La nourriture Food

la nourritur
lah noo·ree·tewr

A une boisson gazeuse

une boisson gazeuse
ewn bwah·sohn gah·zuhz

B une pizza

une pizza
ewn peed·zah

C un hamburger

un hamburger
euhn ahm·buhr·gehr

D des croustilles (f.)

des croustilles
deh kroos·teey

E la crème glacée

la crème glacée
lah krehm glah·seh

F un gâteau

un gâteau
euhn gah·toh

Pour s'amuser For Fun

pour s'amuser
poor sah·mew·zeh

G un jeu vidéo

un jeu vidéo
euhn juh vee·deh·oh

H des ballons (m.)

des ballons
deh bah·lohn

I la musique

la musique
lah mew·zeek

J un chapeau de fête

un chapeau de fête
euhn shah·poh duh feht

K un cadeau

un cadeau
euhn kah·doh

L un film

un film
euhn feelm

Les articles de fête Party Supplies

les articles de fête (handwritten)

leh zahr·teekl duh feht

A des bougies (f.)

des bougies (handwritten)

deh boo·jee

B des fourchettes jetables

de fourchettes jetables (handwritten)

deh foor·shet juh·tahbl

C des couteaux jetables

de couteaux jetables (handwritten)

deh koo·toh juh·tahbl

D des cuillères jetables

des cuilla cuillères jetables (handwritten)

deh kwee·yehr juh·tahbl

E des assiettes jetables

des assiettes jetables (handwritten)

deh zah·syeht juh·tahbl

F des gobelets jetables

des gobelets jetables (handwritten)

deh goh·bleh juh·tahbl

G des serviettes (f.)

de serviettes (handwritten)

deh sehr·vyeht

H un appareil photo

un appareil photo (handwritten)

euhn ah·pah·rehy foh·toh

I des piles

des piles (handwritten)

deh peel

B. **Écrivez le nom des objets à droite. Ensuite reliez-les aux objets correspondants à gauche.**

Name the objects on the right. Then match them with the corresponding objects on the left.

les piles

les cuillères jetables

les boissons gazeuses

les bougies

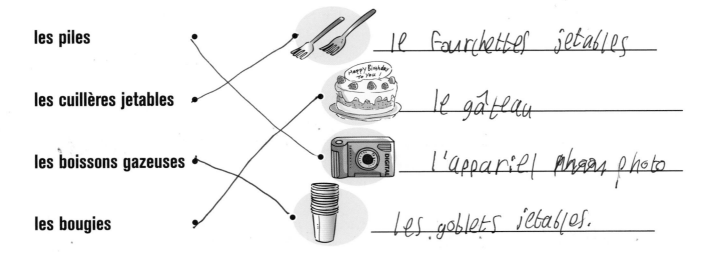

le fourchettes jetables (handwritten)

le gâteau (handwritten)

l'appariel phoar photo (handwritten)

les goblets jetables. (handwritten)

Les adjectifs démonstratifs
Demonstrative Adjectives

singulier		pluriel
ce + nom (m.) e.g. **Ce** film est long. **cet** + nom (m. beginning with a vowel) e.g. **Cet** oiseau est beau.	**cette** + nom (f.) e.g. **Cette** musique est bonne.	**ces** + nom (pl.) e.g. **ces** films (m.pl.) **ces** oiseaux (m.pl.) **ces** musiques (f.pl.)

C. **Remplacez l'article souligné par le bon adjectif démonstratif.**
Replace the underlined article with the correct demonstrative adjective.

1. Nous allons à <u>la</u> fête. ___*à cette faîte*___

2. L'étudiant aime <u>le</u> livre. ___*cet, ce*___

3. <u>Les</u> hamburgers sont fantastiques. ___*ces*___

D. **Reformulez la phrase.**
Rephrase the sentence.

1. C'est un long film.

   ___*Ce*___ film est long.

2. C'est une belle photo.

   ___*Cette photo est belle.*___

3. C'est un grand cadeau.

   ___*Le cadeau est grand.*___

4. Ce sont des longues bougies.

   ___*ces bougies sont longues.*___

5. Ce sont des jeux amusants.

   ___*ces jeux sont amusants.*___

6. C'est une assiette jetable.

   ___*cette assiette est jetable.*___

ISBN: 978-1-927042-82-3

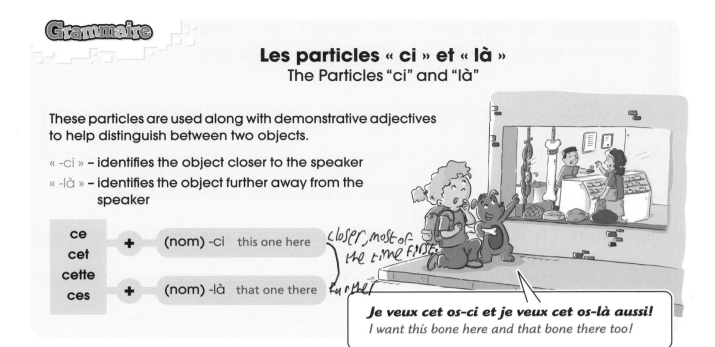

Les particles « ci » et « là »
The Particles "ci" and "là"

These particles are used along with demonstrative adjectives to help distinguish between two objects.

« -ci » – identifies the object closer to the speaker

« -là » – identifies the object further away from the speaker

ce cet cette ces	+	(nom) -ci	this one here	
	+	(nom) -là	that one there	

closer, most of the time first
further

Je veux cet os-ci et je veux cet os-là aussi!
I want this bone here and that bone there too!

E. Remplissez les tirets pour compléter les phrases.
Fill in the blanks to complete the sentences.

1. Ces cadeaux-_ci_ sont à moi; ~~telles~~ _ces_ cadeaux-là sont à toi.

2. _cette_ robe-_ci_ est jaune; _cette_ robe-là est rose.

3. Ils jouent _ces_ jeux-ci; ils ne jouent jamais _ces_ jeux-_là_ .

4. _ces_ photos-là sont jolies; _ces_ photos-_ci_ sont mauvaises.

5. Jacques peut manger _ce_ hamburger-là; il ne veut pas manger ce hamburger-_ci_ .

6. _ces_ fourchettes-ci sont jetables mais _ces_ fourchettes-_là_ ne sont pas jetables.

7. Moi, j'ai fait _cette_ pizza-ci et mon frère a fait _cette_ pizza-_là_ .

F. Remplissez les tirets avec le bon adjectif demonstratif ou possessif.
Fill in the blanks with the correct demonstrative or possessive adjectives.

Cette année (f.), les amis de Bruno ont fait une fête-surprise₁ pour son anniversaire. Quand il arrive à la maison, il voit₂ tous ses amis qui s'amusent avec _____ magnifiques₃ jeux vidéo. « Regardez _ces_ gens₄! Faisons la fête! » crie-t-il. Julie, sa sœur, est très contente; elle porte _____ nouvelle robe blanche avec _____ chaussures vertes et _____ collier vert. « Tu est très belle aujourd'hui, Julie! » dit-il. « Merci, Bruno! _cette_ fête est magnifique. J'adore _cette_ musique, _ce_ gâteau et _ces_ bonbons! Je suis très contente que tu sois né₅! » _cette_ conversation (f.) avec sa sœur rend₆ Bruno très content. Tout d'un coup₇, son cousin prend son bras et lui dit : « Ouvre _ce_ cadeau-là il est de ma part! » « Wow! Regarde tous _ces_ cadeaux! ~~mon~~ _cet_ anniversaire (m.) est le meilleur! » dit Bruno. « _Ce_ magicien, est-il pour mon anniversaire aussi? » se demande-t-il. « _cette_ fête ne finit jamais! »

1. _faire une fête_ : to throw a party
2. _voir_ : to see
3. _magnifique_ : great
4. _les gens_ : people
5. _sois né_ : were born
6. _rendre_ : to make
7. _tout d'un coup_ : all of a sudden

ISBN: 978-1-927042-82-3

G. Traduisez les phrases en anglais.
Translate the sentences into English.

> **Attention!**
>
> ces → *these*
> *seh*
> **e.g.** ces enfants *these kids*
>
> ses → *his/her*
> *seh*
> **e.g.** ses enfants *his/her kids*

1. Cet animal-ci est très beau.

   this ~~anin~~ animal is very pretty.

2. Ces lunettes de soleil sont rouges.

   these sunglasses are red.

3. Ses films sont plus longs que ces films-ci.

   His/Her movies are longer than the ~~more~~ movies here.

4. Ce cadeau-là est à toi. Joyeux anniversaire!

   That gift there is yours. Happy birthday.

H. Traduisez les phrases en français.
Translate the sentences into French.

1. This slice of pizza is mine; that one there is yours.

   cette tranche de pizza ~~est à maith~~ est à moi ; ce'lle -là est a toi

2. Ben wants this gift here; Paul wants that gift there.

   Ben veut ce cadeau-ci; paul veut ce cadeau-là.

3. We can play this music here but not that music there.

   Nous pouvons jouer cette musique-ci mais nous ne pouvons pas jouer
   cette musique-là

4. I don't like those balloons there; I like these balloons here.

   Je n'aime pas ~~ces~~ ces ballons-là' j'aime ce ballons-ci.

5. These candies here are mine; those candies there are yours.

   ces bonbons-ci sont à moi ; ces bonbons-là sont à toi.

Quand? Où? Comment?

When? Where? How?

Où es-tu Charlie?
Where are you, Charlie?

Vocabulaire : Les adverbes de temps, lieu et manière

Grammaire : L'accord du temps verbal avec l'adverbe

Expressions : « Dans (<u>durée de temps</u>) »

A. Copiez les mots.
Copy the words.

Quand? When?

Quand
kaan

Les adverbes de temps

hier yesterday

hier
ee·yehr

aujourd'hui today

aujourd'hui
oh·joor·dwee

demain tomorrow

demain
duh·mahn

toujours always/still

toujours
too·joor

maintenant now

maintenant
mah·tuh·naan

jamais never

jamais
jah·meh

parfois sometimes

parfois
pahr·fwah

souvent often

souvent
soo·vaan

rarement rarely

rarement
rahr·maan

Les adjectifs

dernier (m.) last

dernier
dehr·nyeh

prochain (m.) next

prochain
proh·shahn

À la prochaine, grand-mère!
Gros bisous, Minou.
Until next time, Grandma!
Lots of love, Minou.

dernière (f.)

dernière
dehr·nyehr

prochaine (f.)

prochaine
proh·shehn

ISBN: 978-1-927042-82-3

Les adverbes de lieu

Ici! Here!

Ici
ee·see

Où? Where?

_où_
oo

là there

_là_
lah

partout everywhere

partout
pahr·too

loin (de) far (from)

loin
lwahn

près (de) close (to)

près
preh

Comment? How?

koh·maan

Les adverbes de manière

bien well

bien
byahn

vite fast/quickly

vite
veet

ensemble together

ensemble
aan·saambl

mal badly

mal
mahl

lentement slowly

lentement
laant·maan

seul alone/by oneself

seul
suhl

B. Encerclez le bon adverbe de temps qui correspond à la phrase.
Circle the correct adverb of time that matches the sentence.

1. Je brosse mes dents...
   rarement / (souvent)

2. J'étudie le français...
   (maintenant) / prochain

3. Je vais aller au cinéma...
   (demain) / hier

4. Je rends visite à ma grand-mère...
   dernier / (aujourd'hui)

C.   Remplissez les tirets avec le bon adverbe de lieu.
Fill in the blanks with the correct locative adverbs.

1.

_____ sont les bulles?

Elles sont _____ !

2.

_____ est ton vélo?

Il n'est pas _____ ,

il est _____ .

3.

_____ est le parc?

Il n'est pas loin d'ici.

Regarde!

Il est très _____ !

4.

_____ est Manon?

Elle est _____ !

Je suis _____ .

ISBN: 978-1-927042-82-3

D. Répondez aux questions par des phrases complètes en utilisant les adverbes donnés.

Answer the questions in complete sentences using the given adverbs.

1.  Comment est-ce que nous jouons à ce jeu? (together)

   Nous ___jouons___ à ___ce___ jeu ensemble.

2. Comment est-ce que tu manges? (alone)

   ___je manges seul.___

3. Comment est-ce que le lapin saute? (quickly)

   ___le lapin saute vite.___

4. Comment est-ce que vous dansez? (together)

   ___Nous dansons ensemble.___

5. Comment ça va? (bad)

   ___ça va mal___

6. Comment est-ce que tu marches? (slowly)

   ___je marche marche lentement___

7. **Comment est-ce que le wagon descend?** (fast)

   ___le wagon descend vite!___

L'accord du temps verbal avec l'adverbe
Time Agreement of Verbs with Adverbs

In a sentence, the adverb and the verb must always agree in time.

> **Je mange toujours mon hamburger.**
> *I'm still eating my hamburger.*

Adverbe	Verbe
• aujourd'hui • toujours • souvent	au présent e.g. Nous mangeons souvent des légumes.
• demain • lundi, vendredi, etc. + prochain • bientôt	au futur proche **aller** + infinitif e.g. Ils vont aller au parc lundi prochain.

E. **Conjuguez les verbes au futur proche ou au présent selon le temps de la phrase.**

Conjugate the verbs in the near future or in the present tense according to the time of the sentence.

1. Aujourd'hui, je __*vais*__ à l'école.
   <u>aller</u>

2. Samedi prochain, je __*ne vais pas aller*__ à l'école.
   <u>ne pas aller</u>

3. Elle __*mange*__ parfois ses légumes.
   <u>manger</u>

4. Nous __*dînons*__ toujours à midi.
   <u>dîner</u>

5. Il __*danse*__ toujours!
   <u>danser</u>

6. Nous sommes fatigués mais nous __*nageons*__ toujours.
   <u>nager</u>

7. Mélodie a mal à la gorge. Elle __*va rendre*__ visite au médecin demain.
   <u>rendre</u>

8. Ils __*ne jouent jamais*__ dans la cour d'école.
   <u>ne jamais jouer</u>

Expressions

En anglais : **In English**	En français : **In French**
"in _____" duration of time	« dans _____ » durée de temps

Unités de temps

une minute = a minute
une heure = an hour
un jour = a day
une semaine = a week
un mois = a month
un an/une année = a year
un siècle = a century

"Futur proche" is used to express events that will happen in the near future.

Always use the future tense when expressing an upcoming event with "dans".

Mélodie, j'ai besoin du téléphone!
Mélodie, I need the phone!

Je vais raccrocher dans une minute.
I am going to hang up in a minute.

F. Complétez les réponses avec l'expression temporelle « dans » et l'unité de temps indiquée.

Complete the answers with "dans" and the indicated unit of time.

1. Quand allez-vous finir vos devoirs? (une heure)

   Je _vais finir mes devoirs dans une ~~vingt~~ heure._ .

2. Quand vas-tu arroser ton jardin? (un jour)

   Je _vais arroser mon jardin dans un jour._ .

3. Quand va-t-il partir? (une minute)

   Il _va partir dans une minute._ .

4. Quand prenons-nous nos vacances? (une semaine)

   Nous _allons ~~pp~~ prendre nos vacances dans une semaine._ .

La révision 1

La révision
- Les sports
- La vie marine
- L'impératif
- La technologie et l'Internet
- Le monde
- Au jardin
- La fête
- Quand? Où? Comment?

A. Écrivez les mots à la bonne place et conjuguez les verbes si nécessaire.
Write the words in the correct spaces and conjugate the verbs if necessary.

souris	faire	cliquer	le requin	faire	arrêter
tuque	taper	clavier	ski	nageoire	salir

A Paul préfère les sports d'hiver. Quand il _____ du _____ , il porte toujours sa _____ .

B _____ a une grande _____ sur le dos.

C « _____ de _____ ta chemise! Il faut _____ attention! »

D Il _____ sur le _____ et il _____ avec la _____ .

ISBN: 978-1-927042-82-3

un gâteau   appareil photo   Amérique du Nord   arracher
seul   tondre   Le Canada   la fête   un pays
partout   toujours   jardin

E   **F**   **G**   **H**

E _____ est _____ en _____ .

F Pendant la fin de semaine nous travaillons dans notre _____ .

Nous _____ le gazon et nous _____ les mauvaises

herbes.

G C'est mon anniversaire! Ma mère fait _____ au chocolat pour

moi et mes amis. Nous allons faire _____ . Je vais prendre

beaucoup de photos avec mon _____ .

H Anne prend _____ son vélo _____ . Elle n'aime

pas laisser son vélo _____ .

B. **Écrivez vrai ou faux.**
Write true or false.

1. La pastenague a des tentacules.   _____

2. On a besoin d'un parachute pour faire du vol à voile.   _____

3. On clique sur l'icône pour ouvrir la page d'accueil.   _____

4. L'Australie est en Afrique.   _____

5. Les fleurs ne poussent jamais dans la terre.   _____

6. On joue de la musique pour s'amuser.   _____

C. Écrivez les bons mots français dans les tirets.
Write the correct French words in the blanks.

Bonjour, je m'appelle Jacques. Je suis en vacances

1._____ avec ma famille. 2._____

nous allons faire de 3._____ . Nous sommes

très 4._____ du rivage mais je n'ai pas peur

parce que je sais nager très 5._____ .

« Plongeons! » dit ma mère. Nous 6._____ du bateau dans la mer.

Sous l'eau, je 7._____ près de mon père. 8._____

parmi les 9._____ , il y a un 10._____ poisson. Je

11._____ le poisson. Il mange un bout de pain dans ma main.

12._____ il y a des poissons 13._____ ! C'est là que je

remarque des déchets partout. Il y a des fourchettes 14._____ , des

sacs de 15._____ et mêmes des 16._____ ! « Comme

c'est dangereux! » . Je 17._____ les déchets. « Je ne vais pas laisser

ça 18._____ ! C'est horrible! » . Je suis 19._____ à monter

sur le bateau. « Regardez ces déchets! » je dis à ma famille en colère. « Je ne

vais 20._____ utiliser des produits jetables à partir d'aujourd'hui! »

1. *in Mexico*	2. *today*	3. *scuba diving*	4. *far*
5. *well*	6. *to jump*	7. *to swim*	8. *there*
9. *seaweed*	10. *little*	11. *to feed*	12. *now*
13. *everywhere*	14. *disposable*	15. *chips*	16. *batteries*
17. *to take*	18. *here*	19. *the last*	20. *never*

ISBN: 978-1-927042-82-3

D. **Remettez le texte dans le bon ordre.**
Put the events from the text in order.

1. Jacques remarque les déchets partout.
2. La famille de Jacques voyage au Mexique.
3. Jacques promet de ne jamais manger avec des produits jetables.
4. Jacques et sa famille font de la plongée sous-marine.
5. Il prend les déchets.
6. Jacques remonte sur le bateau.

_____

_____

_____

_____

_____

_____

E. **Encerclez le nom de l'objet dans l'image.**
Circle the name of the object in the picture.

A  **B**  **C**   **D**

A Il prend...

le télésiège / ses skis

...au sommet de la montagne.

B La baleine / La méduse

...a des tentacules.

C On trouve le curseur sur...

le courriel / l'écran .

D Mon jeu vidéo a besoin des...

piles / ballons .

F. **Écrivez la lettre dans le bon cercle.**
Write the letter in the correct circle.

La voile est... ◯

L'Amérique du Nord est... ◯

Je remplis ma brouette... ◯

Dans mon jardin j'aime... ◯

On porte un gilet de sauvetage... ◯

Les étudiants bloguent... ◯

On joue à des jeux vidéo... ◯

L'Afrique est... ◯

La Corée du Sud est... ◯

Le crabe a... ◯

A avec de la terre.

B une carapace.

C au sud de l'Europe.

D pour faire du canotage.

E un sport nautique.

F pour s'amuser.

G planter des fleurs.

H à l'ouest de l'Europe.

I un pays en Asie.

J sur l'Internet.

ISBN: 978-1-927042-82-3

G. Rayez l'intrus.
Cross out the word that does not belong.

1	**2**	**3**	**4**
l'écran	chanter	le surf sur neige	le dauphin
la souris	réussir	l'alpinisme	la méduse
le clavier	danser	la luge	la pieuvre
le blogue	sauter	le base-ball	le calmar

5	**6**	**7**	**8**
un Japonais	la brouette	ces cadeaux	l'Irlande
un Chinois	l'herbe	ces croustilles	la France
un Mexicain	le gazon	cette boisson	l'Allemagne
un Sud-Coréen	la terre	ces hamburgers	les États-Unis

H. Reliez les termes qui s'opposent.
Link the terms that are opposites.

1.	nord	•	• ouest
2.	bien	•	• entendre
3.	dans le ciel	•	• hier
4.	parler	•	• sud
5.	aujourd'hui	•	• jamais
6.	est	•	• rarement
7.	lentement	•	• vite
8.	toujours	•	• mal
9.	près	•	• loin
10.	souvent	•	• à l'eau

Le magasinage

Shopping

Vocabulaire : Les magasins et leurs produits

Grammaire : Les terminaisons

Expressions : « Combien coûte... ? »

Combien coûte ce gros pain au chocolat?
How much does this big chocolate croissant cost?

A. Copiez les mots.
Copy the words.

DAYUA

l'épicerie
the grocery store

l'épicerie

leh·peess·ree

la caisse
the cash register

la caisse

lah kehs

le caissier / la caissière
the cashier

le caissier

luh keh·syeh
lah keh·syehr

la conserve
the canned food

la conserve

lah kohn·sehrv

les pâtes
the pasta

les pâtes

leh paht

la boulangerie the bakery

la boulangerie

lah boo·laan·jree

la baguette
the baguette

la baguette

lah bah·get

le croissant
the croissant

le croissant

luh krwah·saan

le muffin
the muffin

le muffin

luh muh·feen

le pain
the bread

le pain

luh pahn

le pain au chocolat
the chocolate croissant

le pain au chocolat

luh pahn oh shoh·koh·lah

le biscuit
the cookie

le biscut

luh beess·kwee

la tarte au citron
the lemon tart

la tarte au citron
lah tahrt oh see·trohn

ISBN: 978-1-927042-82-3

le dépanneur
the convenience store

le dépanneur

luh deh·pah·nuhr

la boucherie
the butcher's shop

la boucherie

lah boosh·ree

la boutique
the clothing store

la boutique

lah boo·teek

le lait
the milk

le lait

luh leh

le poulet
the chicken

le poulet

luh poo·leh

la chemise
the shirt

la chemise

lah shuh·meez

la boîte de céréales
the box of cereal

la boîte de céréales

lah bwaht duh seh·reh·ahl

le bœuf
the beef

le bœuf

luh buhf

le pantalon
the pants

le pantalon

luh paan·tah·lohn

le jus
the juice

le jus

luh jew

le porc
the pork

le porc

luh pohr

le chandail
the sweater

le chandail

luh shaan·dahy

B. **Écrivez le nom de l'objet et le magasin où il se trouve.**

Write the name of the object and the store where it is found.

1.  _le pain_
   —la boulangerie

2.  _le poulet_
   la boucherie

3.   _la ~~voit~~ laitue_
   l'épicerie

4.   _la ~~tee-shirt~~ chemise_
   la boutique

ISBN: 978-1-927042-82-3

(handwritten notes at top:)
mon, ma, mes   my / our
son, sa, ses   his / hers / their
ton, ta, tes   your

Les pronoms possessifs
Possessive Pronouns

possessor \ possessed	singulier		pluriel	
	masculin	**féminin**	**masculin**	**féminin**
je	**mon livre** → **le mien** my book · mine	**la mienne** mine	**les miens** mine	**les miennes** mine
tu	**ton livre** → **le tien** your book · yours	**la tienne** yours	**les tiens** yours	**les tiennes** yours
il/elle	**son livre** → **le sien** his/her book · his/hers	**la sienne** his/hers	**les siens** his/hers	**les siennes** his/hers
nous	**notre livre** → **le nôtre** our book · ours	**la nôtre** ours	**les nôtres** ours	
vous	**votre livre** → **le vôtre** your book · yours	**la vôtre** yours	**les vôtres** yours	
ils/elles	**leur livre** → **le leur** their book · theirs	**la leur** theirs	**les leurs** theirs	

(handwritten left margin: singular / plural)

* The gender and number of the possessive pronoun agree with the possessed object, not the possessor.

e.g.   Paul parle à sa sœur (f.) et Pierre parle à la sienne (f.).

Paul is speaking to his sister and Pierre is speaking to his.

C.   Remplacez l'adjectif possessif avec le bon pronom possessif.
Replace the possessive adjective with the correct possessive pronoun.

1.   C'est ton chien.   C'est le _tien_ .

2.   C'est ma tarte au citron.   *c'est la mienne.*

3.   Nous aimons notre mère.   *nous aimons la nôtre.*

4.   Marie danse avec ses amis (m.pl.).   *Marie danse avec les siens*

5.   Vous allez à votre maison (f.).   *vous allez à la votre*

6.   Tu embrasses ton chat.   *tu embrasses le tien.*

ISBN: 978-1-927042-82-3

D. Traduisez le pronom possessif en français.
Translate the possessive pronoun into French.

1. Ce pantalon-ci est (mine) _le mien_ .

2. Cette tarte-là est (yours (pl.)) _la vôtre_ .

3. Ces chaussures (f.pl.) sont (theirs) _les leurs_ .

4. Cette caisse est (ours) _la nôtre_ .

5. Ces croissants sont (hers) _les siens_ .

6. Ce pain au chocolat est (yours (sg.)) _le vôtre_ .

E. Écrivez le bon pronom possessif.
Write the correct possessive pronoun.

1. Je mange mon chausson.

   Mangez-vous le _mien_ ?
   _{yours}

2. Nous allons remplir notre panier (m.).

   Vas-tu remplir _le tien_ ?
   _{yours}

3. Votre baguette est là.

   Où est _la mienne_ ?
   _{mine}

   son

4. Cherches-tu ta tarte?

   Peux-tu chercher _les nôtres_ aussi?
   _{ours}

5. **As-tu sa chaussette?**
   Do you have her sock?

   Rends-moi ma chaussette!

   C'est _la mienne_ .
   Give me back my sock! It's mine!

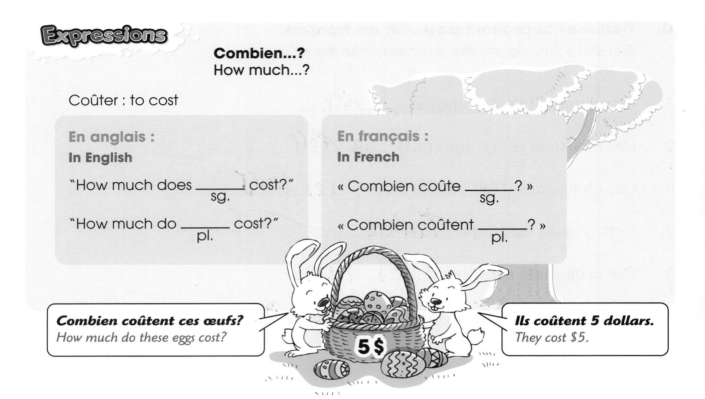

Combien...?
How much...?

Coûter : to cost

En anglais :
In English

"How much does _____ cost?"
sg.

"How much do _____ cost?"
pl.

En français :
In French

« Combien coûte _____? »
sg.

« Combien coûtent _____? »
pl.

Combien coûtent ces œufs?
How much do these eggs cost?

Ils coûtent 5 dollars.
They cost $5.

5 $

F. **Demandez le prix et répondez à la question vous-même.**
Ask the price and answer the question yourself.

$ = dollar(s)
e.g. 2 $ = 2 dollars

¢ = cent(s)
e.g. 15¢ = 15 cents

1.  **2 $**
Q : Combien coute la baguette?
A : elle coûte deux dollars.

2. **6 $**
Q : combien coutent le muffins?
A : ils coûtent ~~dix~~ six dollars.

3.  **70¢**
Q : combien coute la bôite de conserre?
A : elle coûte soixante-dix cents.

4.  **45¢**
Q : combien coûte~~nt~~ la pieuvrelle jouet?
A : elle/il coûte ~~qua~~ quarante-cinq cents

G. Remplissez les tirets pour demander et connaître le prix.
Fill in the blanks to ask and to learn the prices.

1.

Combien coûte une sucette?
a lollipop

combien coûtent trois sucettes?

Une sucette *coûte deux dollars*.

Trois sucettes *coûtent cinq dollars*

2.

: *Combien coûte* l'avion rouge?

: Il *coûte neuf dollars* .

: *Combien coûte* l'avion bleu?

: Il *coûte douze dollars.*

3.

Q : _____ la blouse et la jupe?

A : _____

Q : _____ la robe?

A : _____

_____ est la plus chère!

Les verbes du 3ᵉ groupe

Verbs from the 3ʳᵈ Group

Vocabulaire : Les verbes du 3ᵉ groupe

Grammaire : La conjugaison des verbes du 3ᵉ groupe

> **Charlie, je veux partir!**
> *Charlie, I want to leave!*

A. Copiez les infinitifs suivants.
Copy the following infinitives.

« -OIR »

vouloir
to want

vouloir
voo·lwahr

pouvoir
to be able to/can

pouvoir
poo·vwahr

devoir
to have to/must

devoir
duh·vwahr

savoir
to know

savoir
sah·vwahr

« -IR »

partir
to leave/depart

partir
pahr·teer

dormir
to sleep

dormir
dohr·meer

sortir
to go out/to exit

sortir
sohr·teer

> **J'aime sortir à vélo.**
> *I like to get out on bike.*

« -RE »

lire
to read

lire
leer

conduire
to drive

conduire
kohn·dweer

écrire
to write

écrire
eh·kreer

dire
to say

dire
deer

ISBN: 978-1-927042-82-3

B. **Remplissez les tirets pour trouver l'infinitif correspondant à l'image.**
Fill in the blanks to find the infinitive corresponding to the picture.

A Anne aime _dormir_ avec son ours.

B Andrée peut _lire_ le français.

C Les enfants aiment _dire_ les réponses.

D Daniel et Caroline vont _écrire_ dans leurs journaux.

E Ils aiment _partir_ en vacances.

F Le chien ne veut pas _sortir_ de la maison. Il veut regarder un film.

« -OIR » : pouvoir, savoir, devoir et vouloir

"Pouvoir" and "vouloir" are conjugated in the same way. However, "savoir" and "devoir" are completely irregular.

	pouvoir to be able (to)	vouloir to want (to)	savoir to know	devoir to have (to)
je	peux	veux	sais	dois
tu	peux	veux	sais	dois
il/elle	peut	veut	sait	doit
nous	pouvons	voulons	savons	devons
vous	pouvez	voulez	savez	devez
ils/elles	peuvent	veulent	savent	doivent

All four of these verbs can be followed by an infinitive.

e.g.
- Je peux **marcher**.
  I can walk.
- Je veux **manger**.
  I want to eat.
- Je sais **nager**.
  I know how to swim.
- Je dois **manger**.
  I have to eat.

C. **Encerclez ou écrivez la bonne forme du verbe.**
Circle or write the correct form of the verb.

1. Marie   veux   voulons   ⟨veut⟩   manger le petit déjeuner.
   veut

2. Marc et moi   sais   savez   ⟨savons⟩   chercher de les réponses.
   savons

3. Il ne   dois   ⟨doit⟩   devez   pas aller à l'école aujourd'hui.

4. Il ___doit___ (must) savoir la leçon.

5. ___pouvez___ (can) -vous voir l'écran?

6. Je ___dois___ (must) accepter tes suggestions.

7. Marc et toi ___devez___ (must) avoir de la chance!
   have good luck

ISBN: 978-1-927042-82-3

Grammaire

« -IR » irregular : dormir, partir et sortir

These irregular « -IR » verbs from the 3rd group are all conjugated in the same way.

	dormir to sleep	partir to leave	sortir to get out
	dorm~~ir~~	part~~ir~~	sort~~ir~~
je	dor**s**	par**s**	sor**s**
tu	dor**s**	par**s**	sor**s**
il/elle	dor**t**	par**t**	sor**t**
	dorm~~ir~~	part~~ir~~	sort~~ir~~
nous	dorm**ons**	part**ons**	sort**ons**
vous	dorm**ez**	part**ez**	sort**ez**
ils/elles	dorm**ent**	part**ent**	sort**ent**

> **Nous dormons au soleil pour nous faire bronzer.**
> We're sleeping in the sun to get a tan.

D. Écrivez la bonne forme du verbe.
Write the correct form of the verb.

Rémi et son frère Olivier _dorment_ (dormir) ensemble dans leur chambre à

coucher. Les draps₁ jaunes _~~sont sont~~ sont_ (être) sur le lit de Rémi et les draps

verts _sont_ (être) son sur le lit d'Olivier. Les matins, leur mère crie :

« _sortez_ (sortir) du lit! Vous _dormez_ (dormir) trop! » Elle ouvre les rideaux

et les garçons ne _peuvent_ (pouvoir) plus _dormir_ (dormir). « Allez! » dit Olivier,

« _sors_ (sortir) du lit Rémi! » « _devons_ (devoir)-nous _partir_ (partir)

si tôt? » demande Rémi. Et cela se répète chaque jour...

1. *le drap* : *bed sheet*

ISBN: 978-1-927042-82-3

Grammaire

« -RE » irregular : dire, lire, écrire et conduire

	dire to say	lire to read	écrire to write	conduire to drive
je	dis	lis	écris	conduis
tu	dis	lis	écris	conduis
il/elle	dit	lit	écrit	conduit
nous	disons	lisons	écrivons	conduisons
vous	**dites**	lisez	écrivez	conduisez
ils/elles	disent	lisent	écrivent	conduisent

Je conduis ma voiture.
I'm driving my car.

E. Écrivez la bonne forme du verbe.
Write the correct form of the verb.

1. —— lire ——
   il _lit_
   nous _lisons_

2. —— dire ——
   tu _dis_
   elle _dit_

3. —— conduire —
   elle _conduit_
   vous _conduisez_

4. —— écrire ——
   tu _écris_
   j' _écris_

5. —— lire ——
   vous _lisez_
   tu _lis_

6. —— dire——
   ils _disent_
   nous _disons_

7. Nous _écrivons_ (écrire) des cartes de Noël chaque année.

8. Faites attention quand vous _conduisez_ (conduire).

9. Je _lis_ (lire) et j' _écris_ (écrire) en français.

10. Qu'est-ce que vous _dites_ (dire)?

F. **Écrivez l'infinitif des verbes soulignés, ainsi que la personne et le nombre auquels les verbes sont conjugués.**
Write the infinitive form of the underlined verbs as well as the person and number to which they are conjugated.

C'est le weekend! Moi et mes sœurs <u>voulons</u> jouer au parc, mais nous <u>devons</u> d'abord nettoyer nos chambres. « <u>Dors</u>-tu encore, Claire? » je demande.

nombre personne	singulier	pluriel
1re	Je	Nous
2^e	Tu	Vous
3^e	Il/Elle	Ils/Elles

« Je <u>sais</u> qu'elle ne <u>dort</u> plus! » crie ma sœur, Mélodie. « Regarde! Ses yeux sont ouverts! »

Claire disparaît sous les draps, « Laissez-moi tranquille! Je <u>veux</u> dormir », dit-elle. « Si tu <u>pars</u> pour le parc avec nous, tu <u>dois</u> sortir du lit maintenant! » je dis. « C'est Maman qui nous <u>conduit</u> aujourd'hui. » « Je m'en fiche! <u>Partez</u> sans moi! » répond Claire et elle retourne au lit.

1. _____vouloir_____ , _1^{re}_ , ____pluriel____

2. ___devoir___ , _1^{re}_ , ___pluriel___

3. __dormir__ , _2^{re}_ , _singulier_

4. ___savoir___ , _1^{re}_ , ___singulier___

5. ~~savoir~~ dormir , _3^{re}_ , _singulier_

6. ___vouloir___ , _1^{re}_ , _singulier_

7. __partir__ , _2^{re}_ , _singulier_

8. __devoir__ , _2^{re}_ , _singulier_

9. __conduire__ , _3^{re}_ , _singulier_

10. __partir__ , _2^{re}_ , ~~pas~~ _pluriel_

Le journal

The Newspaper

Je vais chercher un nouveau chien dans les petites annonces.
I'm going to search in the classifieds for a new dog.

Vocabulaire : Le journal et les nouvelles

Grammaire : Le futur proche

A. Copiez les mots.
Copy the words.

le journal
the newspaper

le Journal

luh joor·nahl

les médias
the media

les médias

leh meh·dyah

l'information (f.)
the information

l'information

lahn·fohr·mah·syohn

le gros titre
the headline

le gros titre

luh groh teetr

le sous-titre
the subtitle

le Sous-titre

luh soo·teetr

la météo
the weather forecast

lu météo

lah meh·teh·oh

la colonne
the newspaper column

lu colonne

lah koh·lohn

Monde
World

monde

mohnd

Voyages
Travel

Voyayes

vwah·yahj

Emploi
Employment

Emploi

aam·plwah

Culture
Culture

culture

kewl·twer

Cinéma
Movies

Cinéma

see·neh·mah

Sports
Sports

Sports

spohr

Dessins
Cartoons

Dessins

deh·sahn

Économie
Economy

Économie

eh·koh·noh·mee

Société
Society

Société

soh·syeh·teh

Loisirs
Entertainment

loisirs

lwah·zeer

Petites Annonces
Classifieds

petites Annonces

puh·teet zah·nohns

Politique
Politics

politique

poh·lee·teek

ISBN: 978-1-927042-82-3

B. Lisez les gros titres et écrivez le nom de la section où ils se trouvent.
Read the headlines and write the names of the newspaper sections to which they belong.

A Japon : dans la vallée perdue.

B *La saison des pluies!*

C Nouveau film de Mme Marin – fantastique!

D « Un coup d'état d'un genre nouveau »

E L'équipe canadienne de hockey gagne deux médailles d'or!

F *Chat perdu* (Récompense)
Contactez Julie à julie@popmail.com.

A _Voyages_

B _météo_

C _cinéma_

D _politique_

E _sports_

F _petites Annonces_

C. Reliez les phrases aux bons mots.
Match the sentences with the correct words.

1. Des informations politiques se trouvent dans...

2. Le sous-titre est moins visible que...

3. Les articles d'un journal sont divisés en...

4. La météo nous donne des informations sur...

5. Un journaliste écrit des articles dans...

• colonnes.

• la température.

• la section « Politique ».

• un journal.

• le gros titre.

Le futur proche
Immediate Future

ALLER + LIRE		
je	**vais**	lire
tu	**vas**	lire
il/elle	**va**	lire
nous	**allons**	lire
vous	**allez**	lire
ils/elles	**vont**	lire

Futur proche (ALLER + infinitif)

- is formed with the present tense of ALLER and an infinitive verb

- is used to express an action that will happen in the near future, and is linked to a situation happening in the present

> *Est-ce que tu vas jouer avec moi?*
> *Are you going to play with me?*

D. Récrivez les phrases au futur proche.
Rewrite the sentences in "futur proche".

1. La section « Société » annonce une grève.

   la section <Société> va annoncer une grève.

2. Nous lisons la section « Météo » pour vérifier la température.

   Nous allons lire la section <météo> pour vérifier la température

3. Monsieur le Premier ministre part en France.

   Monsieur le premier ministre va part en France.

4. Mon père veut la section « Sports ».

   mon père va la section <Sports>.

5. Marie lit le journal chaque jour.

   marie va lire le journal chaque jour.

6. Le journaliste écrit un article sur la grève.

   le journaliste va écrire un article sur la grève

ISBN: 978-1-927042-82-3

E. **Construisez des phrases au futur proche avec les mots donnés.**
Make sentences in "futur proche" with the given words.

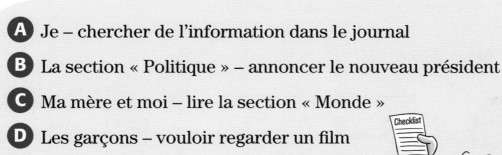

A Je – chercher de l'information dans le journal

B La section « Politique » – annoncer le nouveau président

C Ma mère et moi – lire la section « Monde »

D Les garçons – vouloir regarder un film

E Tu – savoir la nouvelle

F Ma famille – écrire une lettre à l'éditeur

G Nous – partir en Italie en avion

H Il – vouloir regarder le jeu de soccer

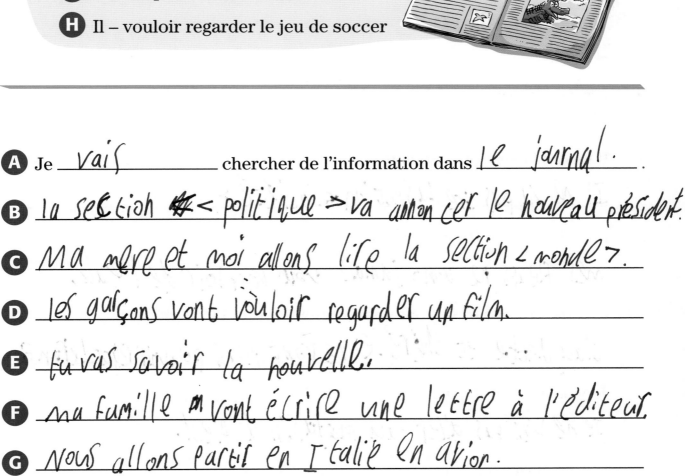

A Je _vais_ chercher de l'information dans _le journal_.

B la section # < politique > va annoncer le nouveau président.

C Ma mère et moi allons lire la section < monde >.

D les garçons vont vouloir regarder un film.

E tu vas savoir la nouvelle.

F ma famille ~~m~~ vont écrire une lettre à l'éditeur.

G Nous allons partir en Italie en avion.

H il ~~vra~~ va vouloir regarder le jeu de soccer.

Le futur proche au négatif
Immediate Future in the Negative

To form a negative sentence with "futur proche", "ne" is placed before "aller" and the negative adverb (pas, plus, jamais, etc.) is placed after it.

ne + aller + negative adverb + infinitive

Je ne vais plus jouer avec ces jouets!
I am not going to play with these toys anymore!

Remember, two elements are needed to form the negative in French.

- ne...pas *not*
- ne...plus *no more*
- ne...jamais *never*

F. Mettez les phrases au négatif.
Make the positive sentences negative.

1. Il va lire la section « Société ». (ne...pas)

   Il ne va pas lire la section < société >.

2. Mes fleurs vont toujours vouloir de l'eau. (ne...jamais)

   Mes fleurs ne vont jamais voir vouloir de l'eau.

3. Claudette et Thérèse vont pouvoir regarder un film. (ne...plus)

   clau dette et thérèse ne vont plus pouvoir regarder un film.

4. Je vais aller au magasin à pied. (ne...pas)

   Je ne vais pas aller au magasin à pied.

5. Zoé va écrire une lettre à ses parents. (ne...pas)

   Zoé ne va pas une lettre à ses parents.

Expressions

Le passé récent
Recent Past

En anglais :
In English
"to have just done something"

En français :
In French
« venir de + infinitif »

singulier

je vien**s**
tu vien**s**
il/elle vien**t**

pluriel

nous ven**ons**
vous ven**ez**
ils/elles vien**nent**

"Venir" (to come) is an irregular verb. Its meaning changes to "to have just done something" when it is followed by "de + infinitive".

Je viens d'arroser le jardin.
I have just watered the garden.

G.   **Écrivez « P » à côté des phrases au passé et « F » à côté de celles au futur.**
Write "P" beside sentences in the past and "F" beside those in the future.

1.   Elle vient de remplir le bol.   *P*

2.   Nous allons lire le journal.   *F*

3.   Pierre et Julie vont manger au restaurant.   *F*

4.   Je viens de finir mon travail.   *P*

5.   Tu vas porter ta robe noire.   *F*

6.   Marie vient de m'écrire une longue lettre.   *P*

7.   Ils viennent de répondre au téléphone.   *P*

8.   Je vais toujours aimer mon chat.   *F*

Les nombres : de 1 à 1000

Numbers: 1 to 1000

Vocabulaire :   Les nombres de 1 à 1000

Révision :   Les expressions de quantité

Cette bague coûte neuf cent dollars.
That ring costs $900.

Je n'ai pas assez d'argent.
I don't have enough money.

vingtetun

A. Copiez les mots.
Copy the words.

cent **100**

cent

saan

deux cents **200**

deux cents

duh saan

trois cents **300**

trois cents

trwah saan

quatre cents **400**

quatre cents

kahtr saan

cinq cents **500**

cinq cents

sahnk saan

six cents **600**

six cents

seess saan

sept cents **700**

sept cents

seht saan

cent dix **110**

cent dix

saan deess

deux cent vingt **220**

deux cent vingt

duh saan vahn

trois cent trente **330**

trois cent trente

trwah saan traant

quatre cent quarante **440**

quatre cent quarante

kahtr saan kah·raant

cinq cent cinquante **550**

cinq cent cinquante

sank saan sahn·kaant

six cent soixante **660**

six cent soixante

seess saan swah·saant

sept cent soixante-dix **770**

sept cent soixante-dix

seht saan swah·saant deess

ISBN: 978-1-927042-82-3

huit cents **800**

_____ huit   cents _____
weet saan

huit cent quatre-vingts **880**

_____ huis cent quatre-vingt _____
weet saan kah·truh·vahn

neuf cents **900**

_____ heuf cents _____
nuhf saan

neuf cent quatre-vingt-dix **990**

neuf cent quatre-vingt vingt-dix
nuhf saan kah·truh·vahn·deess

mille **1000**

_____ mille _____
meel

1001 $

_____ une mille et un dollars _____
meel eh euhn

B. **Écrivez les nombres en lettres ou en chiffres.**
Write the numbers in words or in digits.

1. 347 trois _____ cent quarante- sept _____

2. 892 huit cents _____ quatre-vingt- douze _____

3. 116 cent seize _____

4. 664 six _____ cent soixante - quatre _____

5. 501 cinq cents cent et _____ un

6. 755 sept cent cinquante- cinq _____

7. deux cent soixante-treize   273

8. quatre cent trente-quatre   434

9. sept cent dix-huit   718

10. cinq cent cinquante-cinq   555

11. trois cent douze   312

C. Écrivez le prix de chaque objet en lettres.
Write the price of each item in words.

Ça coûte...

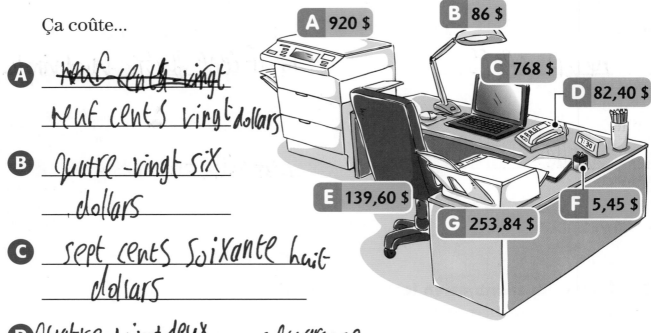

A 920 $
B 86 $
C 768 $
D 82,40 $
E 139,60 $
F 5,45 $
G 253,84 $

A ~~Neuf cents vingt~~
Neuf cents vingt dollars

B Quatre-vingt six
dollars

C sept cents soixante huit
dollars

D Quatre vingt deux dollars et ~~1~~ quarante cents

E la cent trente neuf dollars et soixante cents

F cinq dollars et quarante cinq cents

G deux cents cinquante trois dollars et quatre-vingt quatre cents

> Prices are written differently in French than in English.
> English : $5.25
> French : 5,25 $
> cinq dollars et vingt-cinq cents

D. Faites les calculs et écrivez les réponses en lettres.
Do the calculations and write the answers in words.

1. Sept plus sept cent soixante-dix égalent ___ sept cent soixante-dix sept. ___ .
   7 + 770 equal

2. Mille moins trois cent quarante égalent ___ six cent soixante ___ .
   1000 minus 340

3. Quatre cents plus quatre-vingt-dix-sept égalent ___ Quatre cent quatre-vingt-dix-sept ___
   400 + 97

4. Deux cents plus sept cents quatorze égalent ___ neuf cents quatorze. ___ .
   200 + 714

ISBN: 978-1-927042-82-3

Expressions

En anglais :

In English
- x times y makes xy
- x over y makes $\frac{x}{y}$

En français :

In French
- x fois y, ça fait xy
- x sur y, ça fait $\frac{x}{y}$

$12 \times 6 = 72$

> **12 fois 6, ça fait 72. 72 personnes peuvent s'attabler autour de 12 tables.**
>
> *12 times 6 makes 72. 72 people can be seated around 12 tables.*

E. **Trouvez la réponse. Ensuite écrivez l'équation en lettres.**

Find the answer. Then write the equation in words.

A $1000 \div 4 = $ _250_   **B** $2 \times 347 = $ _____   **C** $260 \times 3 = $ _____

D $\frac{550}{5} = $ _110_   **E** $\frac{612}{6} = $ _____   **F** $10 \times 82 = $ _____

L'équation en lettres

A _____

B _____

C _____

D _____

E _____

F _____

> *Adverbs never change; they are invariable.*

Les adverbes de quantité
Quantity Adverbs

Quantity adverbs indicate how much there is of something.
They are always followed by "de" + a noun (without its article).

Quantity Adverbs

trop	too much
assez	enough
beaucoup	a lot
peu	little/not much

+ **de/d'** of **+** **noun***

* Remember to make countable nouns plural and to keep uncountable nouns singular.

Adverbs modify:
- verbs
  Je mange trop.
- adjectives
  Elle est assez belle.
- adverbs
  Il parle très peu.

F. **Récrivez les phrases avec les adverbes de quantité donnés.**
Rewrite the sentences with the quantity adverbs given.

1. Jean et Marie ont des enfants. (assez de)

   Jean et marie on assez d'Enfane

2. En hiver, il y a de la neige. (trop de)

   En hiver, hi il y a trop de neige

3. Les fleurs poussent dans son jardin. (beaucoup de)

   Beaucop Beaucoup de fleurs poussent dans son jardin

4. Il a de l'argent pour acheter la bague. (peu de)

   Il a peu d'argent pou acheter la bague

5. Elle boit de la boisson gazeuse. (beaucoup de)

   Elle boit beaucoup de boisson gazeuse

G. Faites les problèmes et écrivez les réponses en lettres.
Solve the problems and write the answers in words.

1. Mon père a 41 ans, ma mère a 4 ans moins que mon père. Quel âge a ma mère?

   _____

2. Béatrice possède$_1$ cent quinze livres. Annie et son frère en ont deux fois plus, Bernard en a cinq fois moins.

   a. Combien de livres ont Annie et son frère?

      _____

   b. Combien de livres a Bernard?

      _____

3. Samuel veut faire un gâteau. La recette lui dit de mettre trois cents grammes de farine$_2$ pour six personnes. Samuel veut un gâteau pour seulement$_3$ deux personnes. Combien de grammes de farine doit-il y mettre?

   _____

4. Un mètre est cent centimètres, donc un centimètre est _____ sur _____ d'un mètre.

5. Un mètre est mille millimètres, donc un millimètre est _____ sur _____ d'un mètre.

---

1. *posséder* : to possess, to own   2. *grammes de farine* : grams of flour
3. *seulement* : only

Vocabulaire : Les objets au musée

Grammaire : Les doubles constructions

Je ne veux pas passer la journée ici!
I don't want to spend the day here!

A. Copiez les mots.
Copy the words.

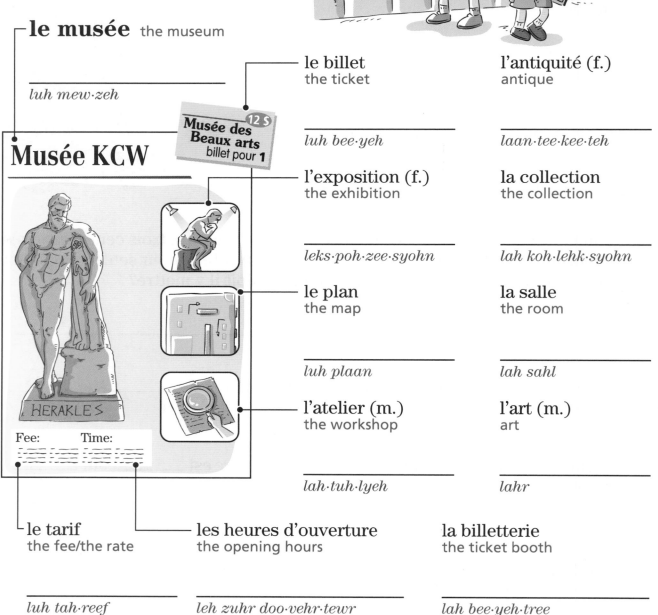

le musée the museum

_____
luh mew·zeh

Musée KCW

HERAKLES

Fee: Time:

le tarif
the fee/the rate

_____
luh tah·reef

le billet
the ticket

_____
luh bee·yeh

l'exposition (f.)
the exhibition

_____
leks·poh·zee·syohn

le plan
the map

_____
luh plaan

l'atelier (m.)
the workshop

_____
lah·tuh·lyeh

les heures d'ouverture
the opening hours

_____
leh zuhr doo·vehr·tewr

l'antiquité (f.)
antique

_____
laan·tee·kee·teh

la collection
the collection

_____
lah koh·lehk·syohn

la salle
the room

_____
lah sahl

l'art (m.)
art

_____
lahr

la billetterie
the ticket booth

_____
lah bee·yeh·tree

Les œuvres du musée sont...
The works at the museum are...

historique historic

_____

eess·toh·reek

precious/valuable
précieux   **précieuse**

_____   _____

preh·syuh   *preh·syuhz*

old
vieux   **vieille**

_____   _____

vyuh   *vyehy*

ancient
ancien   **ancienne**

_____   _____

aan·syahn   *aan·syehn*

fascinating
fascinant   **fascinante**

_____   _____

fah·see·naan   *fah·see·naant*

delicate
délicat   **délicate**

_____   _____

deh·lee·kah   *deh·lee·kaht*

Au musée on peut...
At the museum we can...

observer to observe

_____

ohb·zehr·veh

toucher to touch

_____

too·sheh

remarquer to notice

_____

ruh·mahr·keh

passer* to spend time/to pass

_____

pah·seh

exposer to exhibit/to display

_____

ehks·poh·zeh

guider to guide

_____

gee·deh

visiter to visit

_____

vee·zee·teh

---

*

Find the verb "passer" in your own French-English dictionary and compare it to the one below.

la prononciation ─┐

verbe intransitif (doesn't take an object) ─┐

verbe transitif (takes an object) ─┐

l'entrée du → **passer** (pase) **vi 1** : to pass, to go, to come past. e.g. Le train va bientôt passer. *The train will be coming past soon.*
dictionnaire

vt 2 : to cross, to go through e.g. Je passe la rivière à la nage. *I swim across the river.*

3 : to spend (time) e.g. passer sa vie : *to spend one's life* e.g. passer une heure/ une minute/du temps : *to spend an hour/a minute/some time*

passer sur (repeat the entry) → ~ sur – to pass over, to overlook e.g. Je veux bien passer sur cette erreur. *I'm willing to overlook this mistake.*

B. Remplissez les tirets avec les bons mots.
Fill in the blanks with the correct words.

Christophe vient de 1._____ une salle

2._____ . La salle 3._____ une collection

4._____ . Il 5._____ les antiquités mais

il y a une affiche qui dit : « Ne touchez pas! » Il regarde bien

6._____ . Il aime bien visiter 7._____

près de 8._____ des pierres* 9._____ .

1. to notice
2. fascinating
3. to display
4. historic
5. to want to touch
6. the map
7. the workshop
8. the exhibition
9. valuable

> * Look up the word "pierre" in your French-English dictionary to find its gender before writing the corresponding adjective.
> (nm = nom masculin, nf = nom féminin)

C. Trouvez le mot « toucher » dans votre dictionnaire. Ensuite répondez aux questions.
Find the word "toucher" in your dictionary. Then answer the questions.

1. How many entries are there for the word "toucher"? _____

2. What are the grammatical roles of the first entry and the second entry?
   (grammatical role: verb, noun, adjective, adverb, etc.) Write the meanings of "toucher".

toucher$_1$: _____   toucher$_2$: _____

meaning : _____   meaning : _____

_____   _____

_____   _____

ISBN: 978-1-927042-82-3

Les doubles constructions
Double Verb Constructions

Double verb constructions have a conjugated auxiliary verb followed by an infinitive.

Auxiliary Verbs		
pouvoir	Je peux arroser les plantes.	I can water the plants.
vouloir	Nous voulons manger de la pizza.	We want to eat some pizza.
savoir	Il sait parler français.	He knows how to speak French.
devoir	Vous devez lire l'unité 10 pour les conjugaisons.	You must read unit 10 for the conjugations.

D. **Remplissez les tirets avec la bonne forme du verbe.**
Fill in the blanks with the correct form of the verbs.

1. Le public _____ cette œuvre.
   pouvoir toucher

2. Moi et mon chien _____ dehors.
   devoir attendre

3. Je _____ les visiteurs vers les nouvelles collections.
   pouvoir guider

4. Ils _____ le musée demain.
   vouloir visiter

5. Tu _____ une heure dans chaque salle.
   devoir passer

6. Vous _____ des œuvres canadiennes.
   pouvoir regarder

7. Je _____ les heures d'ouverture.
   vouloir savoir

8. Ils _____ les œuvres anciennes.
   savoir garder

Expressions

"Devoir" and "pouvoir" are auxiliary verbs that can be used to give commands, suggestions, or advice in a more polite manner, in comparison to those given with the imperative.

Imperative (giving an order) : e.g. Mangez vos légumes!   Eat your vegetables!

devoir + infinitive :

(giving a polite suggestion)

> ***Vous devez manger vos légumes.***
> *You have to eat your vegetables.*

pouvoir + infinitive :

(asking a question politely)

e.g. Pouvez-vous manger vos légumes?
     Can/Could you eat your vegetables?

(making a polite suggestion)
e.g. Vous pouvez dormir plus tôt.
     You could sleep earlier.

E.   Demandez un service poliment en utilisant « pouvoir ».
Ask a favour politely using "pouvoir".

1.   Vous devez aller à la classe de musique.

      _____-vous _____ à la classe de musique?

2.   Il doit faire ses devoirs.

      _____

3.   Tu dois marcher plus vite.

      _____

4.   Nous devons téléphoner à Marie.

      _____

5.   Vous devez attendre mon frère.

      _____

ISBN: 978-1-927042-82-3

F. **Remplissez les tirets. Ensuite relisez la brochure et répondez aux questions.**
Fill in the blanks. Then reread the brochure and answer the questions.

_____ principale :
<u>the room</u>

_____ des œuvres d'Emily Carr
<u>the exhibition</u>

_____ : 9 h à 18 h
<u>the opening hours</u>

Musée des beaux arts
Museum of Fine Arts

Le musée des beaux arts _____ les _____ d'Emily Carr
<u>is going to exhibit</u>   <u>art works</u>

en août. Vous _____ ses peintures de près$_1$ et vous _____
<u>could/may observe</u>   <u>could/may visit</u>

sa maison en regardant$_2$ la projection du film "Emily Carr : la vie d'une artiste".

Vous _____ acheter vos _____ en avance$_3$. Il y a des guides
<u>must</u>   <u>tickets</u>

qui _____ les visiteurs. _____-nous en groupes$_4$!
<u>could/can guide</u>   <u>visiter (impératif)</u>

1. *de près : up close*		2. *en regardant : by watching*
3. *en avance : in advance*		4. *en groupes : in groups*

1. Où est-ce qu'on peut voir les œuvres d'Emily Carr? C'est quel mois?

_____

2. Qu'est-ce qu'on peut observer de près?

_____

3. Est-ce qu'on peut visiter sa maison de près?

_____

4. Quand est-ce qu'on doit acheter les billets?

_____

Vocabulaire : Les moyens de communication

Grammaire : Les constructions « verbe + infinitif »

• au négatif

• à l'interrogatif

La presse écrite

Pardon monsieur, la télévision n'est pas de la presse écrite!
Sorry, Sir, television is not print media!

A. Copiez les mots.
Copy the words.

les médias the media	**la presse écrite** the print media
_____ *leh meh·dyah*	_____ *lah prehs eh·kreet*
la radio the radio	**la télévision** the television
_____ *lah rah·dyoh*	_____ *lah teh·leh·vee·zyohn*
le réseau the network	**le public** the public
_____ *luh reh·zoh*	_____ *luh pew·bleek*
l'Internet the Internet	**le journal** the newspaper
_____ *lahn·tehr·neht*	_____ *luh joor·nahl*

a reader
un lecteur   **une lectrice**

_____   _____
euhn lehk·tuhr   *ewn lehk·treess*

a viewer
un spectateur   **une spectatrice**

_____   _____
euhn spehk·tah·tuhr   *ewn spehk·tah·treess*

a writer
un écrivain   **une écrivaine**

_____   _____
euhn eh·kree·vahn   *ewn eh·kree·vehn*

a listener
un auditeur   **une auditrice**

_____   _____
euhn oh·dee·tuhr   *ewn oh·dee·treess*

a broadcaster
une personnalité de la radio/télévision

_____
ewn pehr·soh·nah·lee·teh

avouer (à)
to admit/to confess (to)

_____

ah·voo·eh

annoncer (à)
to announce/to report (to)

_____

ah·nohn·seh

téléviser
to broadcast on TV

_____

teh·leh·vee·zeh

diffuser
to broadcast on the radio

_____

dee·few·zeh

communiquer (à)
to communicate (to)

_____

koh·mew·nee·keh

mettre à jour
to update

_____

mehtr ah jour

connecter (à)
to connect (to)

_____

koh·nehk·teh

déclarer (à)
to declare (to)

_____

deh·klah·reh

Like "manger, nager, and télécharger",
"annoncer" takes an irregular ending
in the 1st person plural.

sg.	pl.
j'annonce	nous annonçons
tu annonces	vous annoncez
il/elle annonce	ils/elles annoncent

B. Associez les deux parties pour faire une phrase.
Link the two parts to form a sentence.

1. Un écrivain écrit pour...   •   • la radio.

2. On peut entendre les émissions à... •   • la télévision.

3. L'Internet est un très grand...   •   • presse écrite.

4. Un spectateur est celui qui regarde... •   • informations.

5. Le journal est une forme de...   •   • ses lecteurs.

6. Les médias communiquent des...   •   • réseau.

Les doubles constructions
Double Verb Constructions

> *Double verb constructions have one conjugated auxiliary verb followed by an infinitive verb.*

Remember, in double verb constructions, the auxiliary verb and the infinitive verb have the same subject.

e.g.   **Je** veux parler à Marie.
"Je" is the subject of "veux" and "parler".

Double Verb Construction
conjugated auxiliary verb + infinitive

The infinitive often directly follows verbs that express:

- an obligation or ability:

  devoir (to have to),
  pouvoir (to be able to),
  savoir (to know), etc.

- an opinion or a declaration:

  vouloir (to want), déclarer (to declare),
  annoncer (to announce), penser (to think/consider),
  avouer (to admit), aimer (to like), etc.

  e.g.   Paul avoue être fort.
  Paul admits that he is strong.

C.   Transformez les phrases en constructions doubles.
Change the sentences into double verb constructions.

1.   Je vais à l'école à pied. (devoir)

    _____

2.   La CBC est un réseau national. (déclarer)

    _____

3.   Vous écrivez aux écrivains de cet article. (vouloir)

    _____

4.   Ils parlent à leurs parents. (penser)

    _____

Les doubles constructions et l'inversion
Double Verb Constructions and Inversion

Changing sentences with double verb constructions into questions using inversion is done in the same way as with sentences that have a single verb. The conjugated auxiliary verb exchanges place with the subject. The infinitive remains in its place.

e.g. <u>Samuel veut</u> aller à l'école.

Veut-il aller à l'école?
Does he want to go to school?

<u>Marie aime</u> jouer.

Aime-t-elle jouer?
* If the verb ends in a vowel, insert "t".
Does she like to play?

D. Transformez les phrases en questions avec l'inversion.
Change the sentences into questions using inversion.

1. Marie pense être une bonne auditrice.

    _____

2. L'Internet peut connecter les gens.

    _____

3. Tu entends parler les vieilles dames.

    _____

4. Le public aime regarder les comédies de situation à la télévision.

    _____

5. Tu dois prendre le métro aujourd'hui.

    _____

6. Nous allons manger des pommes de terre.

    _____

7. Ils avouent être les amis de Paul.

    _____

The negative adverbs "ne" and "pas/jamais/plus, etc." go before and after the conjugated verb respectively. The infinitive verb follows.

e.g.   Je veux manger du gâteau.

Je **ne** **veux** pas **manger** du gâteau.

I don't want to eat cake.

| ne | + | conjugated auxiliary verb | + | pas plus jamais guère | + | infinitive |

E.   Mettez les phrases au négatif.
Make the positive sentences negative.

1.   Nous devons avoir honte. (ne...pas)

_____

2.   Joseph et Sarah veulent annoncer la nouvelle. (ne...plus)

_____

3.   Qui est-ce qui pense être beau? (ne...jamais)

_____

4.   Tu peux communiquer avec tes parents sur l'Internet. (ne...guère)

_____

F.   Cochez la phrase qui correspond à l'image.
Check the sentence that matches the picture.

1.

2.

(A) Elle pense pouvoir voler.

(B) Elle peut voler.

(A) Elle avoue avoir peur.

(B) Elle n'a pas peur.

G. Remplissez les tirets pour compléter l'article.
Fill in the blanks to complete the article.

Peut-être₁ un jour...
Maybe one day...

_____-vous que le premier
savoir

ordinateur remonte à₂ 1946? Il pèse₃ 30 tonnes et

il _____ une maison de dimension
pouvoir remplir

normale. Aujourd'hui je _____ que les gens _____
devoir avouer pouvoir se connecter

aux réseaux internationaux à n'importe quel₄ moment du jour. Les ordinateurs

de nos jours pèsent beaucoup moins et on dit que l'Internet _____
aller remplacer

la presse écrite. Est-ce que cela _____
vouloir dire

que nous _____ un jour assister₅ aux
pouvoir

écoles virtuelles₆?

1. **peut-être** : maybe
2. **remonter à** : date back to
3. **peser** : to weigh
4. **n'importe quel** : no matter which, regardless
5. **assister à** : to attend
6. **virtuel(le)** : virtual

H. Relisez l'article et répondez aux questions.
Read the article again and answer the questions.

1. Combien pèse le premier ordinateur? _____

2. Qu'est-ce qui peut remplacer la presse écrite? _____

3. Est-ce que vous pouvez trouver un autre titre (title) pour cet article?

_____

Le transport

Transportation

Vocabulaire : Les moyens de transport

Grammaire : Les prépositions « à » et « de »

> *Je vais à l'école à vélo, parce que je suis en retard.*
> *I'm going to school by bike because I'm late.*

A. Copiez les mots.
Copy the words.

aller à... to go by	aller en... to go by

pied

_____

pyeh

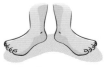

cheval

_____

shuh·vahl

vélo

_____

veh·loh

 train

_____

trahn

les rails the tracks/rails

_____

leh rahy

avion

_____

ah·vee·yohn

le pilote the pilot

_____

luh pee·loht

autobus

_____

oh·toh·bews

l'arrêt the stop

_____

lah·reh

 bateau

_____

bah·toh

la voile the sail

_____

lah vwahl

 métro

_____

meh·troh

le billet the ticket

_____

luh bee·yeh

ISBN: 978-1-927042-82-3

B.   Associez les phrases incomplètes aux bons mots.
Match the incomplete sentences with the correct words.

1.   Le train va sur...   •   • un avion.

2.   J'attends l'autobus à...   •   • une voile.

3.   Le bateau de Louise a...   •   • l'arrêt d'autobus.

4.   Le pilote conduit...   •   • les rails.

C.   Décrivez comment les personnages arrivent à leurs destinations avec le verbe « aller ». Utilisez la bonne préposition.
Describe how the characters will arrive at their destinations using the correct form of the verb "aller". Use the correct preposition.

 **A** Je

 **B** Tu

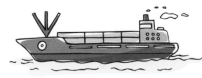 **C** Nous

 **D** Ils

 **E** Elle

A Je _____ en _____ .

B _____

C _____

D _____

E _____

« À » et « de »
"To" and "From"

Verbs of movement indicate displacement "from" one place "to" another.

e.g.

Paris

Toronto

Je vais **de** Toronto **à** Paris en avion.
I fly from Toronto to Paris.

Verbs of Movement:

aller (de/à)	to go (from/to)
arriver (de/à)	to arrive (from/to)
descendre (de/à)	to go/come down (from/to)
monter (de/à)	to come/go up (from/to)
sortir (de/à)	to go out/exit (from/to)
venir (de/à)	to come (from/to)

D. Décrivez les mouvements dans les images.
Describe the movements in the picture.

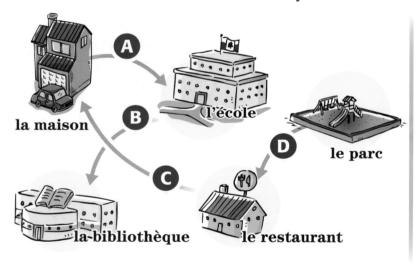

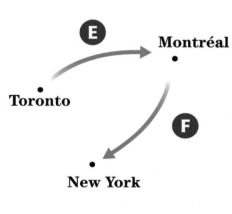

A (Je/arriver)   J'arrive _____ la maison à _____ .

B (Nous/descendre) _____

C (Tu/monter) _____

D (Elle/aller) _____

E (Je/revenir) _____

F (Vous/arriver) _____

E. Utilisez la bonne forme du verbe « venir de » pour indiquer le pays d'où ils viennent.

Use the correct form of the verb "venir de" to indicate where each person is from.

1.
les États-Unis

Tu _____ des États-Unis.

« **venir** » *to come*	
singulier	**pluriel**
je viens	nous venons
tu viens	vous venez
il/elle vient	ils/elles viennent

2.
le Canada

Je _____

_____

3.
le Maroc

a. Marie et Julie _____

b. Karim _____

4.
la France

a. Nous _____

b. Elle _____

5.
l'Angleterre

a. Vous _____

b. Ils _____

F. Remplissez les tirets avec la bonne préposition « de/à ».

Fill in the blanks with the correct preposition "de/à".

1. J'arrive _____ la maison _____ l'école à 8 h 30.

2. Je reviens _____ la maison _____ l'école à 15 h 30.

3. Tu descends _____ la bibliothèque chaque jour.

4. Nous allons _____ la cour d'école pour jouer.

Verbes suivis de « à/de »
Verbs followed by "à/de"

"À" and "de" can also come after a number of verbs that do not indicate movement but which have a "destination" or "point of reference".

à to

- parler à   to talk to
- donner à   to give to
- répondre à   to answer to
- dire à   to tell/say to

e.g.   Je dis mes secrets à mon ami.
       I tell my secrets to my friend.

de from/about

- parler de   to talk about
- rêver de   to dream about
- profiter de   to make the most of
- avoir besoin de   to be in need of

e.g.   Nous rêvons des cadeaux.
       We dream about gifts.

G. Remplissez les tirets avec la bonne préposition.
Fill in the blanks with the correct prepositions.

1. Je rêve parfois _____ mes cousins.

2. Vous penser _____ vos enfants.

3. Ils profitent toujours _____ l'occasion.

4. Lucie a besoin _____ une dentiste.

5. Nous donnons des cadeaux _____ nos amis à Noël.

6. Répondez _____ la question.

7. Elle parle _____ son chat _____ ses amis.

8. Je dis _____ ma mère de me faire un gâteau.

H. Remplissez les tirets avec la bonne préposition et répondez aux questions.
Fill in the blanks with the correct prepositions and answer the questions.

Alice et ses parents viennent d'arriver _____ Paris _____ avion. Ils rentrent _____ l'aéroport _____ leur hôtel _____ 4 h. Ils vont tout de suite₁ _____ lit pour pouvoir se réveiller₂ à l'heure du déjeuner. Alice s'endort₃ vite et elle rêve _____ croissants, _____ pains au chocolat et _____ tartes aux abricots. Le matin, elle se réveille à 7 h, va _____ la salle de bain prendre une douche, sort _____ sa chambre, et descend _____ restaurant avec sa mère. Quand elle arrive _____ restaurant, elle ne voit personne. La porte est encore fermée. Elle demande _____ sa mère : « N'allons-nous pas manger de croissants ce matin? » « Nous sommes arrivées de bonne heure₄! Les croissants ne sont pas encore prêts₅ », répond sa mère. Elles montent _____ café boire un bon chocolat chaud en attendant₆ leurs croissants.

1. Où est-ce qu'Alice va avec sa famille? _____

2. Elle rêve de quoi? _____

3. Que boivent-elles en attendant leurs croissants? _____

---

1. *tout de suite* : immediately   2. *se réveiller* : to wake up   3. *s'endormir* : to fall asleep
4. *de bonne heure* : early   5. *prêt(e)* : ready   6. *en attendant* : while waiting

L'art et la culture

Art and Culture

Vocabulaire : L'art et la culture

Grammaire : Les verbes réfléchis

> **Est-ce que je fais un bon musicien?**
> *Do I make a good musician?*

A. Copiez les mots.
Copy the words.

le cinéma
cinema

_____

luh see·neh·mah

 a filmmaker

un cinéaste

_____

euhn see·neh·ahst

une cinéaste

_____

ewn see·neh·ahst

la poésie
poetry

_____

lah poh·eh·zee

  a poet

un poète

_____

euhn poh·eht

une poète

_____

ewn poh·eht

la peinture
painting

_____

lah pahn·tewr

 a painter

un peintre

_____

euhn pahntr

une peintre

_____

ewn pahntr

la musique
music

_____

lah mew·zeek

 a musician

un musicien

_____

euhn mew·zee·syahn

une musicienne

_____

ewn mew·zee·syehn

le théâtre
theatre

_____

luh teh·ahtr

 an actor/actress

un acteur

_____

euhn ahk·tuhr

une actrice

_____

ewn ahk·treess

ISBN: 978-1-927042-82-3

la littérature
literature

lah lee·teh·rah·tewr

a writer
un écrivain

euhn eh·kree·vahn

une écrivaine

ewn eh·kree·vehn

la cuisine
cooking

lah kwee·zeen

a cook
un cuisinier

euhn kwee·zee·nyeh

une cuisinière

ewn kwee·zee·nyehr

la sculpture
sculpture

lah skewl·tewr

a sculptor
un sculpteur

euhn skewl·tuhr

une sculpteure

ewn skewl·tuhr

sentir to sense/to feel

saan·teer

je sens	nous sentons
tu sens	vous sentez
il/elle sent	ils/elles sentent

créer to create

kreh·eh

peindre to paint

pahndr

je peins	nous peignons
tu peins	vous peignez
il/elle peint	ils/elles peignent

jouer
to play

joo·eh

composer
to compose

kohm·poh·zeh

réaliser
to produce

reh·ah·lee·zeh

sculpter
to sculpt

skewl·teh

B. Qui fait quoi?
Who does what?

1. Un sculpteur   _____

2. Une musicienne   _____

3. Un réalisateur   _____

4. Un poète   _____

5. Une écrivaine   _____

6. Un acteur   _____

A fait du théâtre.

B écrit de la littérature.

C réalise des films.

D fait des sculptures.

E compose de la poésie.

F joue de la musique.

Les verbes pronominaux
Pronominal Verbs

In French, some verbs are accompanied by a reflexive pronoun (se/s'). These are called pronominal verbs. With pronominal verbs, the action is carried out on the subject.

se laver to wash oneself

singulier	**Je me** lave.	I wash myself.
	Tu te laves.	You wash yourself.
	Il se lave.	He washes himself.
	Elle se lave.	She washes herself.
pluriel	**Nous nous** lavons.	We wash ourselves.
	Vous vous lavez.	You wash yourselves.
	Ils se lavent.	They wash themselves.
	Elles se lavent.	They wash themselves.

other pronominal verbs

se sentir
to feel (to feel oneself)

se coucher
to go to bed (to put oneself to bed)

se réveiller
to wake up (to wake oneself up)

s'habiller
to dress
(to dress oneself)

s'appeler*
to be called
(to call oneself)

s'appeler

je m'appelle

tu t'appelles

il/elle s'appelle

nous nous appelons

vous vous appelez

ils/elles s'appellent

C. Écrivez le bon pronom réfléchi selon le sujet.
Write the reflexive pronoun that agrees with the subject.

1. Je _____ lave bien quand je prends ma douche.

2. Marie _____ réveille à 9 h pour aller à l'école.

3. Tu _____ appelles Marianne et ta sœur, elle _____ appelle Julie.

4. Il _____ habille chaudement en hiver.

5. Nous _____ couchons à 21 h chaque nuit.

6. Je _____ sens malade quand je mange trop de bonbons.

7. Nous _____ sentons en bonne forme.

ISBN: 978-1-927042-82-3

L'impératif des verbes réfléchis
Imperative of Reflexives

In the imperative, the subject and the pronominal pronouns become "tonique" pronouns. This means their position changes from before the conjugated verb to after it, and they are introduced by a hyphen.

subject +	pronominal pronouns	tonique
tu	te	toi
nous	nous	nous
vous	vous	vous

e.g.

Tu te couches.*
Couche-toi!
Go to bed!

Nous nous habillons.
Habillons-nous!
Let's get dressed/dress ourselves!

Vous vous lavez.
Lavez-vous!
Wash yourselves!

*In the imperative, the "-s" ending is dropped for "-ER" verbs in the 2nd person singular.

Remember, imperative is only expressed in the 2nd person singular and plural (tu, vous) and in the 1st person plural (nous).

D. Transformez les phrases du présent à l'impératif.
Change the present tense sentences into the imperative.

1. Nous nous réveillons tôt le matin. _____

2. Vous vous sentez contents. _____

3. Tu t'habilles bien. _____

4. Tu te couches de bonne heure. _____

5. Nous nous promenons dans la forêt. _____

6. Vous vous couchez. _____

7.    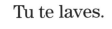 Tu te laves.

E. **D'abord, traduisez la phrase littéralement. Ensuite écrivez la même phrase en anglais courant.**
First translate the sentence literally. Then write the same sentence in everyday English.

1. Vous <u>vous amusez</u> toujours au parc.

2. Le chameau <u>se trouve</u> dans le désert.

   | amuser |
   | *to entertain/to amuse* |
   | présenter |
   | *to present* |
   | arrêter |
   | *to stop* |
   | trouver |
   | *to find* |

3. Je <u>m'arrête</u> devant la station du métro.

4. Nous <u>nous présentons</u> à la professeure le premier jour d'école.

   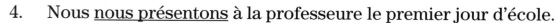

F. **Écrivez les phrases au négatif.**
Write the sentences in the negative.

1. Vous vous appelez Mme Leblanc.

   _____

2. Je me réveille à 4 h.

   _____

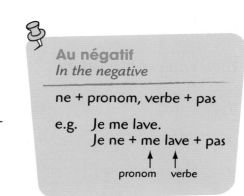

Au négatif
In the negative

ne + pronom, verbe + pas

e.g. Je me lave.
Je ne + me lave + pas
          ↑   ↑
      pronom   verbe

G. Remplissez les tirets en conjuguant les verbes.
Fill in the blanks by conjugating the verbs.

Paul, le cuisinier, _____ tard la nuit et il
se coucher

_____ le matin. Il est toujours à l'heure₁
ne se réveiller pas

mais aujourd'hui il _____ au restaurant
se rendre : to go to

en retard₂. Puisque₃ c'est dimanche, le restaurant est

plein de monde₄ qui mange le brunch. Les clients de son restaurant ne sont pas

toujours amicaux₅. Les hommes _____ toujours très bien et les
s'habiller

femmes _____ belles. Il _____ des gens biens gentils
se sentir   s'agir

qui sont quelques fois impatients. Ce matin le chef de Paul, un peu stressé lui

dit : « _____ - toi! » Paul _____ ; calmement il répond :
se dépêcher : to hurry up   ne se fâcher pas

« La cuisine, c'est un art Monsieur! C'est comme la peinture. Il faut être patient

pour avoir un chef-d'œuvre₆! » Ce jour-là, les clients _____
se trouver : to find oneself

devant les meilleures omelettes au monde!

---

1. *à l'heure : on time*   2. *en retard : late*   3. *puisque : since*
4. *plein(e) de monde : full of people*   5. *amical(e) : friendly*   6. *un chef-d'œuvre : a masterpiece*

La révision
- Les magasins et leurs produits
- Les verbes du 3ᵉ groupe
- Le journal et les nouvelles
- Les nombres : de 1 à 1000
- Au musée
- Les médias
- Le transport
- L'art et la culture

A. Écrivez les mots à la bonne place et conjuguez les verbes si nécessaire.
Write the words in the correct space and conjugate the verbs if necessary.

soixante-cinq	Météo	lire	assez	partir	sortir	
lait	peu	jus	le dépanneur	journal	Dessins	aller

A Je vais _____ chez _____ pour chercher du _____ et

du _____ d'orange pour mon déjeuner.

B Chaque samedi, je _____ mon livre de mon sac et je _____

pendant deux heures. Ensuite je _____ pour ma leçon de danse.

C Le matin, ma famille partage les sections du _____. Moi, je prends la

section « _____ » car j'aime les bandes dessinées. Mon père cherche

toujours le temps dans la section « _____ ».

D Elle n'a jamais _____ d'argent pour payer ses factures. Elle travaille

_____ heures par semaine. Elle a _____ de congé.
                                                           time off

le gros titre	billets	artiste	peintures	musée
billetterie	plan	pied	autobus	journal

E **F** **G** **H**

E Vous pouvez acheter vos _____ et un _____ du

_____ à la _____ .

F On trouve _____ sur la première page du _____ .

G Je vais à l'école en _____ . C'est beaucoup plus rapide que d'y

aller à _____ .

H L' _____ crée des _____ .

B. Écrivez vrai ou faux.
Write true or false.

1. La cuisinière se trouve dans le salon. _____

2. On achète un pantalon chez la boucherie. _____

3. Vous lisez ce qui est écrit. _____

4. On peut chercher un nouvel emploi dans la
   section « Cinéma ». _____

5. On sort par la sortie. _____

6. On vend des tartes au citron à la boutique. _____

C. Écrivez le bon mot français dans le tiret.
Write the correct French word in the blank.

C'est la fin de semaine et moi et ma sœur

lisons *1.*_____ parce que nous voulons

*2.*_____ ce qu'il y a à faire.   Nous

*3.*_____ sortir *4.*_____ mais

nous ne savons pas où aller. *5.*_____ sœur *6.*_____ vouloir

aller au marché. « Je viens de lire dans la section *7.*_____ qu'il y a

*8.*_____ de l'alimentation fantastique au marché! » dit-elle. Ma sœur

sait que j'aime *9.*_____ manger. « Allons-y! » Une fois au marché,

nous *10.*_____ un groupe de personnes autour d'une grande table.

Nous ne *11.*_____ pas voir ce qu'elles regardent.   « Nous sommes

*12.*_____ loin; nous *13.*_____ nous rapprocher! » De plus

près, nous *14.*_____ une longue *15.*_____ . Tout d'un coup, le

boulanger crie : « J'ai réussi! C'est la baguette la plus longue au monde! Elle mesure

plus de *16.*_____ mètres. Elle va être exposée au *17.*_____ la

semaine prochaine! » Avec mes yeux fixés sur le pain délicieux je demande :

« *18.*_____ cette baguette précieuse? » « Êtes-vous malade? » demande-

t-il. « Elle n'est pas en vente! Ne *19.*_____ pas mon chef-d'œuvre! »

dit-il d'un air très fier. « Nous venons de *20.*_____ une après-midi trop

amusante », dit ma sœur en riant.

1.	*the newspaper*	2.	*to know*	3.	*to want (to)*	4.	*by bike*

1.	*the newspaper*	2.	*to know*
5.	*my*	6.	*to admit (to)*
9.	*well*	10.	*to notice*
13.	*to have (to)*	14.	*to observe*
17.	*museum*	18.	*how much does __ cost*

3. *to want (to)*   4. *by bike*
7. *culture*   8. *an exhibition*
11. *to be able (to)*   12. *too (much)*
15. *baguette*   16. *seventy-five*
19. *to touch*   20. *to spend (time)*

D. Remettez le texte en ordre.
Put the events from the text in order.

1. Ils se rapprochent de la grande table.
2. Ils lisent le journal.
3. Le boulanger annonce sa réussite.
4. Il essaie de toucher la baguette.
5. Ils partent pour le marché.
6. Ils remarquent des gens autour d'une table.

_____

_____

_____

_____

_____

E. Encerclez la bonne réponse.
Circle the correct answer.

1. Une boutique vend...

   A   B   C

2. Il veut dormir.

   A B C

3. Le prix du billet est cent quarante dollars.

   A Musée du Louvre **104 $** B Musée du Louvre **140 $** C Musée du Louvre **40 $**

4. C'est une émission radiophonique.

   A B C

F. Écrivez la bonne lettre dans le cercle.
Write the correct letter in the circle.

On dort... ○

Nous voyageons... ○

L'Internet est... ○

La caissière travaille... ○

La voiture coûte... ○

Ils se lavent... ○

Les nouvelles se trouvent... ○

On écrit... ○

On conduit... ○

Les musées exposent... ○

Les gâteaux sont... ○

Les spectateurs regardent... ○

A dans la baignoire.

B à l'épicerie.

C très chère.

D avec un stylo.

E dans un lit.

F une voiture.

G en bateau.

H dans le journal.

I l'écran.

J un réseau public.

K bon marché.

L des collections historiques.

ISBN: 978-1-927042-82-3

G. Rayez l'intrus.
Cross out the word that does not belong.

le pain	dormir	cinq cents	la radio
le biscuit	lire	deux cents	l'auditeur
l'écrivain	partir	six cents	le journal
la baguette	sortir	trente-deux	l'auditrice

en avion	le poète	la colonne	les pantoufles
en métro	le film	l'atelier	les sandales
en bateau	le réalisateur	le gros titre	les gants
à cheval	le cinéma	le sous-titre	les chaussures

H. Associez les nombres en lettres aux chiffres.
Link the number words with the digits.

1. cinq cent soixante et onze •   • 237

2. trois cent dix •   • 452

3. mille deux •   • 916

4. deux cent trente-sept •   • 122

5. neuf cent seize •   • 764

6. six cent quatre-vingt-neuf •   • 310

7. quatre cent cinquante-deux •   • 571

8. sept cent soixante-quatre •   • 848

9. cent vingt-deux •   • 1002

10. huit cent quarante-huit •   • 689

Complete FrenchSmart • Grade 7

ISBN: 978-1-927042-82-3

L'heure du conte

Complete FrenchSmart • Grade 7

ISBN: 978-1-927042-82-3

Le cœur du singe

Personnages

le singe

le crocodile

la femme crocodile

ISBN: 978-1-927042-82-3

[handwritten: by a large river, lives a monkey that is wise]

Près d'une large **rivière** dans une jungle sauvage vit un singe très **sage**.

Regarde! Il y a un singe sur la branche.

[handwritten: in the same river, there two crocor very mean crocodile. they belive they are the king and queen of the river and want to eat the monky for dinner]

Dans la même rivière vivent deux des plus grands et plus méchants crocodiles. Ils se croient le roi et la reine de la rivière et quand ils voient le singe ils veulent le manger pour le **dîner**.

Réponses courtes

[handwritten: does the monkey live in a fores jungl]

1. Est-ce que le singe vit dans une forêt ou dans une jungle?

2. Qu'est-ce que les crocodiles veulent manger pour le dîner? *[handwritten: il sage]*

Un jour, les crocodiles décident que c'est le jour spécial pour manger le singe. Le singe est toujours sur la branche et il mange un fruit calmement. Il voit les crocodiles mais il pense qu'ils sont des **gentils** crocodiles.

Chéri, je veux manger le cœur du singe pour le dîner.

Ma mère est gentille. Elle me prépare le dîner.
My mom is kind. She prepares dinner for me.

Nouveaux mots
New Words

la rivière : river   *sage* : wise

le dîner : dinner

gentil(le) : kind, nice

ISBN: 978-1-927042-82-3

Le crocodile crée un plan
pour duper le singe et manger
son cœur. Le crocodile et sa
femme sont des créatures
très patientes.

[handwritten: the croc creates a plan to dupe the monkey and to eat the monkeys heart. The croc + hi... patient]

Il **attend** voir le singe descendre de l'arbre.
Le singe a soif et il boit beaucoup d'eau sans
voir le crocodile.

[handwritten: he waits for the monkey while he descends the tree to the monkey drinks lots of water without seeing the croc.]

Réponses courtes

1. Qu'est-ce que le crocodile fait?

[handwritten: what is the our croc doing]

2. Pourquoi est-ce que le singe ne peut pas traverser
la rivière?

[handwritten: why cant the monkey travel across the river]

ISBN: 978-1-927042-82-3

« Singe, pourquoi est-ce que tu habites de cette côté de la rivière? »
le crocodile **demande** au singe. « Le fruit de l'autre côté de la rivière
est plus doux et plus grand qu'ici. » Le crocodile **essaie** de
convaincre le singe à aller de l'autre côté de la rivière.

(handwritten annotations:)
why are you living on this side of the river?
the fruit on the other side has softer and bigger food.
the crocodile is trying to convince him to come to the other side.

Je sais, mais la rivière est trop large
et je ne peux pas nager.

(handwritten annotation: the river is to long I cant swim.)

**Je convaincs mon père de m'acheter
un téléphone portable.**
I convince my dad to buy me a cell phone.

Nouveaux verbes
New Verbs

attendre : *to wait*

demander : *to ask*   **essayer** : *to try*

convaincre : *to convince*

Je peux t'amener là-bas.

Le singe est ravi et il accepte l'offre du crocodile. **Sans hésiter**, il monte **sur le dos** du crocodile pour traverser la rivière. Le crocodile nage lentement et doucement sans **faire peur** au singe. Le singe est très content et s'imagine manger les fruits de l'autre côté de la rivière.

Réponses courtes

1. Comment est-ce que le singe traverse la rivière?

2. Pourquoi est-ce que le crocodile plonge sous l'eau?

ISBN: 978-1-927042-82-3

Soudainement, le crocodile plonge sous l'eau et le singe se bat pour ne pas noyer. Il ne peut pas respirer et il a très peur.

Pourquoi fais-tu ça?

Le crocodile dit avec un sourire méchant : « Tu ne dois pas faire confiance aux crocodiles. Je vais te noyer et manger ton cœur pour le dîner. »

Tu me fais peur tout le temps.
You scare me all the time.

Nouvelles expressions
New Expressions

sans hésiter : without hesitating

sur le dos : on the back

faire peur : to scare, to frighten

ISBN: 978-1-927042-82-3

Le singe sait qu'il est en grave danger et essaie de penser vite.
« Qu'est-ce que je vais faire? » il se demande.

Une idée lui **vient à l'esprit** pour se sauver. Il lui dit : « Les singes ne gardent pas leur cœur dans le corps, ils le gardent dans les arbres. » Le crocodile réfléchit **pendant un long moment**.

Réponses courtes

1.   Qu'est-ce que le singe fait pour se sauver?

2.   Qu'est-ce que le singe accepte de faire?

Complete FrenchSmart • Grade 7   ISBN: 978-1-927042-82-3

Le crocodile croit ce que le singe lui dit et pense à un nouveau plan deux fois plus méchant que le premier.

Montre-moi où se trouve ton cœur et je vais t'**épargner la vie**.

Le singe accepte de lui montrer où se trouve son cœur et le crocodile le porte sur son dos pour l'amener à l'autre côté. Le singe est soulagé une fois sur le dos du crocodile car il peut respirer.

Partez maintenant. J'épargne votre vie.
Leave now. I spare your life.

Nouvelles expressions
New Expressions

venir à l'esprit : to come to mind

pendant un long moment : for a long time

épargner la vie : to spare a life

ISBN: 978-1-927042-82-3

Une fois qu'ils **s'approchent** du bord de la rivière, le singe saute immédiatement du dos du crocodile. Il **grimpe** rapidement le figuier, l'arbre avec des figues et non pas de cœurs. Le crocodile est si *1* fâché mais **se rend compte** qu'il est dupé. Il essaie de convaincre le singe de descendre de l'arbre mais ne peut pas.

As soon as he goes back to the tree he jumps on the tree, and he says that the figues are his hearts. the croc realises he was fooled. the croc tried to convince the monkey to come down, but he didit.

Je t'ai dupé!

Descends de là!

Réponses courtes

what how does the croc feel after he was fooled

1. Comment se sent le crocodile quand il est dupé?

how does the monky describe the croc:

2. Comment est-ce que le singe décrit le crocodile?

ISBN: 978-1-927042-82-3

Le singe jette des figues qui frappent le pauvre crocodile sur la tête et lui dit : « Tu es peut-être grand et tout-puissant mais tu n'es pas trop intelligent. »

The monkey throws figs at him and says "it doesn't matter if you are big and strong if you are not smart.

Le crocodile ne peut pas le croire. Son « dîner » se moque de lui, l'insulte et jette des figues. Il ne sait pas quoi faire et il n'est plus fâché, il est triste.

the croc cant belive his diner is making fun of him and insulting him and throwing food at him.

the croc is now sad that his dinner is gone.

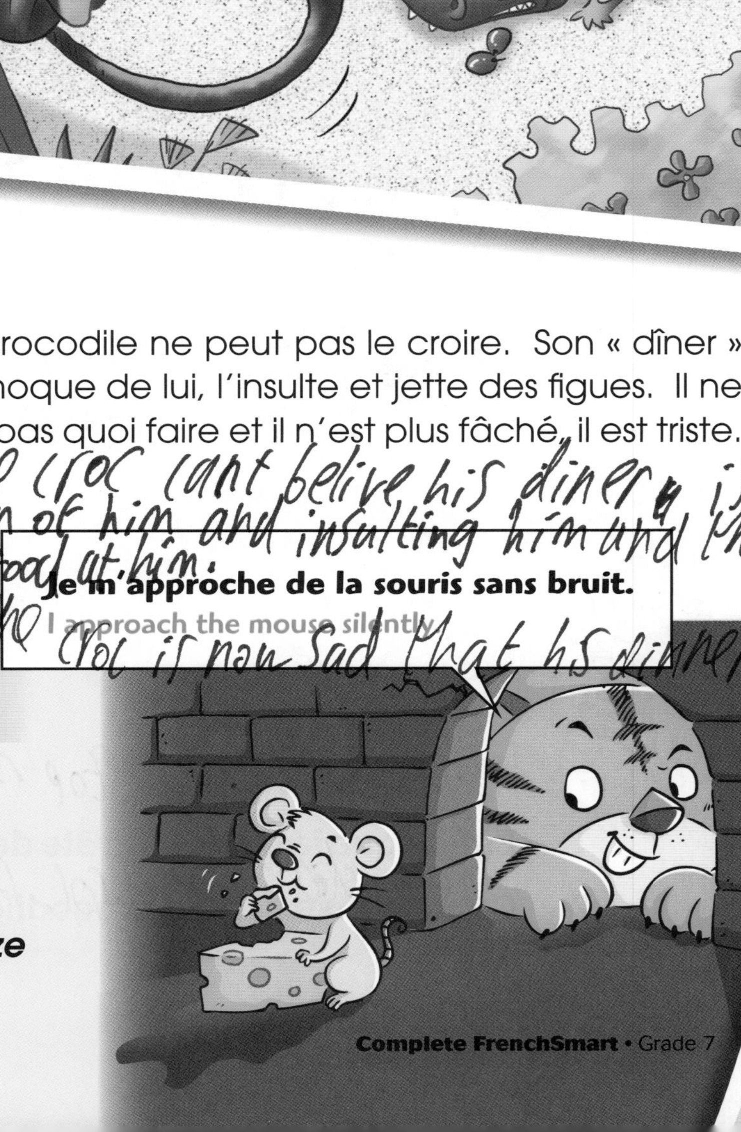

Je m'approche de la souris sans bruit.

I approach the mouse silently

Nouveaux verbes
New Verbs

s'approcher : to approach

grimper : to climb

se rendre compte : to realize

Comment est-ce que c'est possible de vivre sans un cœur dans le corps? C'est bête!

how can it be possible to live without a heart: you are dumb

Réponses courtes

did the monky stop making fun of the crol

1. Est-ce que le singe s'arrête de se moquer du crocodile?

how did the crol feel in the end

2. Comment se sent le crocodile à la fin?

ISBN: 978-1-927042-82-3

the monkey is insulting the croc, he want to make sure the croc learned from his mistake.

Le singe ne s'arrête pas de se moquer du crocodile. Il veut s'assurer que le crocodile comprend son erreur.

Le crocodile se sent **triste** parce que non seulement il perd son dîner mais il se sent bête aussi. Il se dit : « Je ne vais jamais essayer de duper ce singe encore. » Il regrette encore plus ses actions et dit qu'il va changer.

the croc is very sad, not only not because he lost his dinner, but also because he feels foolish and he told himself that he will trick the monkey again. he regrets his actions

not a very surprise!

Ce n'est pas une **grande** surprise!

Coin de grammaire
Grammar Corner

Un adjectif décrit un nom et en général change en genre (masculin ou féminin) et en nombre (quantité). Il y a des exceptions à la règle qui changent en nombre mais pas en genre. On écrit et on prononce ces adjectifs de la même manière.

	S	P	S	P
	grand	grand**s**	grand**e**	grand**es**
	*triste	triste**s**	*triste	triste**s**

*Observe que la forme féminine et masculine ne changent pas.

Est-ce que tu te rappelles?

Remplis les espaces pour compléter les phrases. Ensuite mets les événements en ordre.

Fill in the blanks to complete the sentences. Then put the events in order.

A. Le crocodile se sent _____ parce que non seulement il perd son dîner mais il se sent bête aussi.

B. Le singe sait qu'il est en grave danger et convainc le crocodile que son _____ est dans l'arbre.

C. Le singe accepte l'offre du crocodile et sans hésiter monte _____ du crocodile.

cœur
se moquer
triste
sur le dos
respirer
crée

D. Le crocodile _____ un plan pour duper le singe et le convaincre d'aller de l'autre côté de la rivière.

E. Soudainement, le crocodile plonge sous l'eau et le singe ne peut pas _____ .

F. Dans l'arbre, le singe ne s'arrête pas de _____ du crocodile.

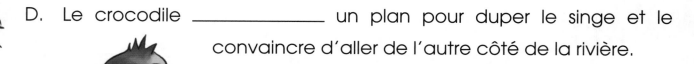

Ordre d'événements

☐ ☐ ☐ ☐ ☐ ☐

ISBN: 978-1-927042-82-3

Corrige les erreurs

Corrige les erreurs d'orthographe et de conjugaison dans le paragraphe suivant.
Correct the spelling and conjugation errors in the following paragraph.

> **Orthographe : 10**
> **Conjugaison : 10**

Dans la river vit deux crocodile grand et méchant qui croit qu'ils vont manger le couer du sing. Le singe voient les crocodiles et pensent qu'ils est gentil. Le crocodile créons un plan pour dupe le singe et le mange. Mais le singe est plus sages que les crocodiles et apprend sa leçon qu'il ne peux pas faire confiance au crocodiles. À la fin, quand il voyons sa femme, il se sent trist.

Conjuguons ensemble

Complète les conjugaisons. Ensuite remplis les espaces avec la bonne conjugaison en utilisant « créer » ou « croire ».

Complete the conjugations. Then fill in the blanks with the correct conjugation using "to create" or "to believe".

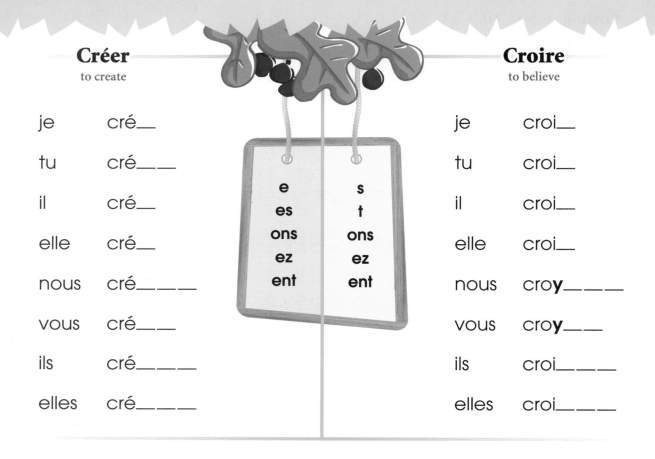

Créer
to create

je	cré__
tu	cré___
il	cré__
elle	cré__
nous	cré_____
vous	cré___
ils	cré_____
elles	cré_____

e
es
ons
ez
ent

s
t
ons
ez
ent

Croire
to believe

je	croi__
tu	croi__
il	croi__
elle	croi__
nous	croy_____
vous	croy___
ils	croi_____
elles	croi_____

1. _____
   I believe

2. _____
   Sam and Anne create

3. _____
   Mrs. Smith creates

4. _____
   Molly believes

5. _____
   you and Adam create

6. _____
   Jack and Joy believe

7. _____
   Lisa and I create

8. Tu _____ ce que je te dis.

Conjuguons ensemble

Remplis les espaces à l'aide du tableau sur la page de gauche.
Fill in the blanks with the help of the table on the left page.

1. Les crocodiles _____ qu'ils vont manger le cœur du singe pour le dîner.

2. Est-ce que le plan que le crocodile _____ pour duper le singe fonctionne à la fin?

3. Le singe dit aux crocodiles : « Le plan que vous _____ ne va pas fonctionner! »

4. Le crocodile _____ qu'il est le roi de la rivière et sa femme la reine.

5. Le crocodile _____ ce que le singe lui dit.

6. Nous _____ une fin alternative à l'histoire!

7. Je _____ que vous pouvez le faire.

ISBN: 978-1-927042-82-3   **Complete FrenchSmart** · Grade 7   131

Résumé de l'histoire

Fais un résumé de l'histoire « Le cœur du singe » à l'aide de la phrase et des mots donnés.

Summarize the story "The Monkey's Heart" with the help of the given sentence and words.

convaincre

se moquer

sans hésiter

les figues

grimper

triste

Le crocodile et sa femme créent un plan pour manger le cœur du singe.

Un jour, _____

_____

_____

_____

_____

_____

_____

ISBN: 978-1-927042-82-3

L'aventure du petit ânon

Personnages

l'homme

son fils

le petit ânon

ISBN: 978-1-927042-82-3 **Complete FrenchSmart** • Grade 7

Sur une petite ferme vit un homme avec son fils. Un jour son ânesse **donne naissance à** un petit ânon. Ils doivent décider ce qu'ils vont faire avec lui. Leur ferme est très petite et ils n'ont pas **assez de** nourriture pour les deux animaux.

Réponses courtes

1. Comment est-ce qu'on appelle la femelle de l'âne?

2. Où est-ce que l'homme et son fils vont vendre le petit ânon?

ISBN: 978-1-927042-82-3

Finalement, l'homme a une idée. Il décide que puisqu'il n'a pas besoin de deux ânes, il doit vendre le petit ânon au marché. L'homme et son fils commencent à se préparer pour le marché. Ils doivent décider **quel** chemin prendre pour y arriver et aussi à quel prix vendre le petit ânon.

Mon fils, je pense que nous devons vendre le petit ânon.

Je pense que tu as raison, Papa.

Je pense que cette bague est assez grande pour moi.
I think that this ring is big enough for me.

Nouvelles expressions
New Expressions

donner naissance à : to give birth to

assez (de) : enough (of)

quel(le) : which

ISBN: 978-1-927042-82-3

Le marché est très loin et l'homme et son fils savent qu'il ne va pas être facile d'y arriver. Ils préparent quelques **provisions** et sont prêts à se mettre en **chemin**. L'homme ne veut pas fatiguer le petit ânon donc lui et son fils décident de le porter attaché par ses **sabots** à un long bâton. L'ânon n'est pas facile à porter parce qu'il est très **lourd** et le chemin est difficile.

Pourquoi me portent-ils comme ça? Je préfère marcher.

Réponses courtes

1. Comment est-ce que l'homme et son fils décident de porter l'ânon?

2. Pourquoi est-ce que les villageois se moquent de l'homme et son fils?

ISBN: 978-1-927042-82-3

Quand ils arrivent à un village, tous les villageois regardent l'homme et son fils et ne peuvent pas en croire leurs yeux. L'homme et son fils portent l'ânon quand c'est l'ânon qui doit porter l'homme et son fils. Les villageois se moquent d'eux.

C'est l'âne qui doit porter l'homme et non pas l'homme qui doit porter l'âne!

Oh non! Le chemin est bloqué!
Oh no! The path is blocked!

Nouveaux mots
New Words

la provision : supply

le chemin : path

le sabot : hoof   *lourd : heavy*

ISBN: 978-1-927042-82-3

Ils ont raison mon fils.

Une fois loin des villageois, l'homme dit à son fils qu'ils ont raison. Alors il dit à son fils de **détacher** l'ânon et de se mettre sur son dos. Maintenant ils vont marcher plus facilement et ils vont arriver au marché plus rapidement. Le fils est très content parce qu'il ne doit plus porter l'ânon.

Réponses courtes

1. Est-ce que l'homme est d'accord avec les villageois?

2. Pourquoi est-ce que la femme gronde le fils?

Complete FrenchSmart • Grade 7

ISBN: 978-1-927042-82-3

Quand ils arrivent au prochain village, ils **rencontrent** une vieille femme et son chien.

« Tu es un garçon si égoïste », elle **gronde** le fils. « Ton père est plus âgé que toi et tu dois lui montrer du respect! C'est lui qui doit monter sur l'ânon et non pas toi », elle lui dit.

Je pense qu'elle a raison mon fils. Descends et je vais monter.

Détache-moi! Je te donnerai tout mon fromage.
Untie me! I will give you all my cheese.

Nouveaux verbes
New Verbs

détacher : to untie
rencontrer : to meet
gronder : to scold

ISBN: 978-1-927042-82-3

Le fils pense que la femme **a raison** quand elle dit que son père doit monter sur l'ânon. Il saute de l'ânon et il aide son père à monter sur l'ânon. Les deux continuent sur leur chemin au marché avec l'homme sur le dos de l'ânon et son fils **à ses côtés**.

Réponses courtes

1. Est-ce que le fils fait ce que la vieille femme lui dit?

2. Où est-ce qu'ils rencontrent la jeune fille?

ISBN: 978-1-927042-82-3

Peu après, ils rencontrent une jeune fille qui vient chercher de l'eau du puits. Elle regarde l'homme et son fils avec confusion. Elle ne comprend pas pourquoi l'ânon porte l'homme et **non pas** son fils. Elle devient de plus en plus fâchée. « Votre fils est trop jeune, c'est lui que l'ânon doit porter et non pas vous », dit la jeune fille.

Oh non! Pas encore.

Tu as raison. Je dois étudier plus.
You are right. I have to study more.

Nouvelles expressions
New Expressions

avoir raison : to be right

peu après : soon after

à son côté : by his side

non pas : not

L'homme ne descend pas de l'ânon parce qu'il a une idée. « Monte avec moi, l'ânon est assez fort pour nous porter tous les deux », il dit à son fils. Le fils n'est pas sûr que le pauvre ânon peut les porter tous les deux mais il écoute toujours son père et monte sur le dos de l'ânon.

Réponses courtes

1. Qui suggère l'idée de monter l'ânon?

2. Pourquoi est-ce que le fermier crie à l'homme et à son fils? *parceque*

ISBN: 978-1-927042-82-3

Quand ils arrivent à un **champ de maïs**, ils entendent les **cris** d'un fermier. Au début ils sont trop loin pour l'entendre **clairement**, mais quand ils s'approchent le fermier continue à crier et son message est plus clair.

Hé! Ce pauvre ânon est trop petit et trop jeune pour vous porter tous les deux!

Je vis dans un champ de maïs.
I live in a cornfield.

Nouveaux mots
New Words

un champ de maïs : cornfield

un cri : shout

clairement : clearly

Finalement, l'homme et son fils décident de descendre et mener l'ânon pour le reste du chemin au marché.

Quand ils arrivent au marché, une famille **très** gentille achète l'ânon. L'homme et son fils peuvent finalement respirer tranquillement. Ils sont contents et soulagés.

J'espère que votre famille va aimer l'ânon.

Réponses courtes

who finally buys the donkey?

1. Qui achète finalement l'ânon?

2. Qu'est-ce qui indique que l'homme et son fils sont soulagés à la fin?

ISBN: 978-1-927042-82-3

Sur le chemin de retour à la maison, l'homme et son fils discutent leur longue journée. Ils écoutent pour voir s'il y a des cris des personnes sur la route mais n'entendent rien cette fois. Le fils écoute tout ce que son père dit avec attention et pense qu'il a raison.

Coin de grammaire
Grammar Corner

Un adverbe* modifie le plus souvent :

- un verbe
- un adjectif
- un adverbe
- toute la phrase

*Parfois on peut reconnaître l'adverbe par sa terminaison en **-ment**. Ex : Finale**ment**.

ISBN: 978-1-927042-82-3

Est-ce que tu te rappelles?

Remplis les espaces pour compléter les phrases. Ensuite mets les événements en ordre.

Fill in the blanks to complete the sentences. Then put the events in order.

A. Un homme et son fils décident de vendre l'ânon au _____ .

villageois	monter	l'ânon
vendent	marché	fermier

B. Quand ils rencontrent une jeune fille, elle leur dit que c'est le fils que _____ doit porter.

C. Au prochain village, une vieille femme dit que c'est l'homme qui doit _____ sur l'ânon.

D. Au marché, ils _____ l'ânon et de retour à la maison ils pensent que c'est impossible de plaire à tout le monde.

E. Quand ils arrivent à un champ de maïs, un _____ leur crie que l'ânon est trop petit pour les porter.

F. Au premier village, les _____ pensent que c'est l'ânon qui doit porter l'homme et son fils.

Ordre d'événements

ISBN: 978-1-927042-82-3

Qui a dit quoi?

Quels personnages de l'histoire ont dit les phrases suivantes? Relie la phrase au personnage qui correspond.

Which characters from the story said the following sentences? Match the sentence with the corresponding character.

A. « Tu es un garçon si égoïste…Ton père est plus âgé que toi et tu dois lui montrer du respect! »

B. « Hé! Ce pauvre ânon est trop petit et trop jeune pour vous porter tous les deux! »

C. « C'est l'âne qui doit porter l'homme et non pas l'homme qui doit porter l'âne. »

D. « Votre fils est trop jeune, c'est lui que l'ânon doit porter et non pas vous. »

E. « Pourquoi me portent-ils comme ça? Je préfère marcher. »

F. « Mon fils, je pense que nous devons vendre le petit ânon. »

Conjuguons ensemble

Complète les conjugaisons. Ensuite remplis les espaces avec la bonne conjugaison en utilisant « écouter » ou « entendre ».

Complete the conjugations. Then fill in the blanks with the correct conjugation using "to listen" or "to hear".

Écouter
to listen

j'	écout__
tu	écout___
il	écout__
elle	écout__
nous	écout____
vous	écout___
ils	écout____
elles	écout____

e
es
ons
ez
ent

s
ons
ez
ent

Entendre
to hear

j'	entend__
tu	entend__
il	entend
elle	entend
nous	entend____
vous	entend___
ils	entend____
elles	entend____

1. _____
   May and Molly hear

2. _____
   she listens

3. _____
   you and Alex listen

4. _____
   Carrie and I hear

5. _____
   my mom hears

6. _____
   Seth and Gemma listen

7. _____
   I listen

8. _____
   Uncle Phil hears

9

Le fils _____ tout ce que son père dit avec attention.

ISBN: 978-1-927042-82-3

Conjuguons ensemble

Remplis les espaces à l'aide du tableau sur la page de gauche.
Fill in the blanks with the help of the table on the left page.

1. L'homme et son fils _____ toutes les personnes sur leur chemin.

2. Ils _____ les cris d'un fermier mais il est trop loin et ce n'est pas clair.

3. Le fils _____ et fait tout ce que son père lui dit car il est sage.

4. « Est-ce que vous _____ ? Descendez de l'ânon! » crie la femme.

5. « Papa, j'_____ ce que tu dis parce que je suis un bon fils », dit le garçon.

6 — Si tu lis l'histoire avec attention, est-ce que tu _____ le message?

Toi **7** — Oui, j'_____ . Le message de l'histoire est _____

_____ .

Résumé de l'histoire

Fais un résumé de l'histoire « L'aventure du petit ânon » à l'aide de la phrase et des mots donnés.

Summarize the story "The Donkey's Journey" with the help of the given sentence and words.

avoir raison

le marché

descendre

la journée

le chemin

monter

Dans le premier village, les villageois

se moquent l'homme et son fils parce

qu'ils portent l'ânon. Peu après, _____

_____

_____

_____

_____

_____

Pourquoi portez-vous l'ânon?

ISBN: 978-1-927042-82-3

Histoire 3

Une découverte près de la mer

Personnages

Charles

Christophe et Jeanne

les pirates

ISBN: 978-1-927042-82-3

Un beau jour **ensoleillé**, Christophe, Jeanne et Charles vont à la plage. Ils veulent tout faire pour s'amuser et ils commencent avec une **promenade** près de la mer.

Cette coquille va parfaitement ici!

Réponses courtes

1. Qu'est-ce que Jeanne utilise pour décorer le château?

2. Pourquoi est-ce que Jeanne commence à pleurer?

ISBN: 978-1-927042-82-3

Ils commencent à construire un **château de sable**. Jeanne utilise les coquilles trouvées sur la plage pour décorer le château.

Les enfants veulent un goûter et ils achètent de la glace. Tout d'un coup, une mouette pique la glace de Jeanne et s'envole très vite. Jeanne commence à pleurer.

Comme c'est beau!

Ça va, Jeanne. Je vais t'en chercher une autre.

Je fais une promenade sur la plage avec mon ours en peluche.
I go for a walk on the beach with my teddy bear.

Nouveaux mots
New Words

ensoleillé(e) : sunny
une promenade : walk
un château de sable : sandcastle

ISBN: 978-1-927042-82-3

Les enfants commencent à attraper des **tous petits** crabes. Charles essaye d'attraper un petit crabe vert mais le crabe le pince et lui **fait mal** au doigt. Il pleure un peu mais s'arrête parce qu'il est un grand garçon. Christophe trouve ce qui se passe très amusant et se rit de Charles.

Ce petit crabe paraît **vraiment** fâché!

Réponses courtes

1. Qu'est-ce que le petit crabe vert fait à Charles?

2. Qu'est-ce que Jeanne compte?

ISBN: 978-1-927042-82-3

Christophe saute dans l'eau et Charles après lui. Jeanne ne nage pas. Elle est en train d'attraper des crevettes avec son filet.

Un, deux, trois…

La lumière du soleil fait mal aux yeux.
The sunlight hurts the eyes.

Nouvelles expressions
New Expressions

tout petit : very small
faire mal : to hurt
vraiment : really, very

ISBN: 978-1-927042-82-3

Soudainement, des gros nuages de pluie **couvrent** le soleil et la mer et le ciel deviennent gris. La pluie commence à tomber et les enfants **courent** pour s'abriter mais ils ne voient aucun abri. Charles est le premier à voir une grotte et il dit aux autres. Les amis courent et entrent dans la grotte. Ils sont si contents d'être à l'abri.

Courez vite, il y a une grotte un peu plus loin!

Réponses courtes

1. Pourquoi est-ce que les enfants courent à la grotte?

2. Qu'est-ce que les enfants trouvent dans un coin de la grotte?

ISBN: 978-1-927042-82-3

Charles veut explorer et il convainc Christophe et Jeanne d'aller avec lui. Dans un coin de la grotte ils voient quelque chose qui **brille**…ils **trouvent** un coffre rempli de trésors! Dans le coffre il y a des pièces d'or, des bagues, des colliers et d'autres objets précieux. Les amis ont peur de toucher les trésors et se demandent pourquoi ce coffre se trouve ici.

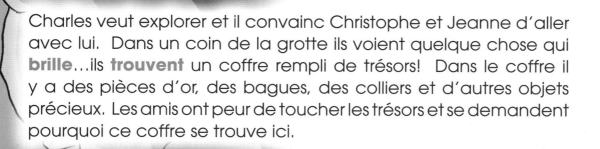

Ouah! Regarde ce que nous avons trouvé!

Tes yeux brillent comme des diamants!
Your eyes shine like diamonds!

Nouveaux verbes
New Verbs

couvrir : to cover   *courir : to run*
briller : to shine   *trouver : to find*

ISBN: 978-1-927042-82-3

Puis, ils entendent des voix et ils sont choqués quand ils voient qu'ils sont **entourés** par des pirates...des pirates aux **barbes** longues, avec des **épées** et des **couteaux**. Ils sont en train de rire fortement et regarder les enfants avec des yeux méchants. Les enfants ont très peur et ne savent pas où aller ou comment s'échapper.

Réponses courtes

1. Qu'est-ce que les enfants entendent?

2. Pourquoi est-ce que les enfants ont peur?

ISBN: 978-1-927042-82-3

Tout d'un coup, des lumières brillantes éclairent la grotte entière. Saisis de peur, les enfants ne bougent pas. Encore une fois, ils ne savent pas quoi faire. Les trois ont trop peur d'ouvrir les yeux. Ils peuvent entendre des voix et des rires étranges.

Charles, qu'est-ce qui se passe? J'ai vraiment peur!

Regarde-moi, Sally. Ma barbe est si longue!
Look at me, Sally. My beard is so long!

Nouveaux mots
New Words

entouré(e) : surrounded

une barbe : beard

une épée : sword   *un couteau : knife*

ISBN: 978-1-927042-82-3

Un des pirates rit et dit aux enfants d'ouvrir les yeux. Il explique qu'ils sont en train de **tourner un film** de pirates. « **N'ayez pas peur** les enfants, c'est juste un film et nous ne sommes pas des vrais pirates », il leur dit.

Réponses courtes

1. Qu'est-ce que les pirates font?

2. Qu'est-ce que c'est l'expérience inoubliable pour les amis?

ISBN: 978-1-927042-82-3

Le réalisateur laisse les enfants rester et regarder le reste du tournage du film. Ils regardent avec intérêt les scènes de bataille et Christophe adore **en particulier** le duel à l'épée entre deux pirates. Quelle expérience inoubliable pour les amis!

N'ayez pas peur. Bruce est très gentil!
Don't be afraid. Bruce is very nice!

Nouvelles expressions
New Expressions

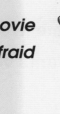

tourner un film : to shoot a movie

n'ayez pas peur : don't be afraid

en particulier : especially

ISBN: 978-1-927042-82-3

Quand le réalisateur crie « Coupé! », les enfants savent que le tournage est terminé. Ils sont un peu tristes que l'expérience se finit. Un des pirates vient pour donner **à chaque enfant** un petit trésor du coffre. Il donne des pièces de monnaie aux **garçons** et un **très** beau collier à Jeanne. Elle est si contente de ce cadeau qu'elle se le met tout de suite.

Ouah! Comme c'est joli!

Réponses courtes

1. Est-ce que Jeanne aime le cadeau qu'elle reçoit?

2. Qu'est-ce que les enfants voient dans le ciel?

ISBN: 978-1-927042-82-3

Un peu tristes, les amis partent de la grotte. La pluie arrêtée, le soleil sorti encore, les enfants pensent que c'est une belle **journée**.

Dans le ciel il y a même un arc-en-ciel.

Ouah! Quelle **découverte** incroyable!

Les accents les plus communs sont :

l'accent aigu
se prononce avec la bouche grande ouverte

l'accent grave
ne change pas la prononciation

la cédille
indique que « c » se prononce « s » après a, o, u

Coin de grammaire
Grammar Corner

Exemples :

- journ**é**e
- d**é**couverte

- tr**è**s
- **à** chaque enfant

- **o**ù

- gar**ç**on
- **ç**a

Les accents changent parfois la prononciation d'une lettre et permettent une bonne lecture de la langue.

Est-ce que tu te rappelles?

Remplis les espaces pour compléter les phrases. Ensuite mets les événements en ordre.

Fill in the blanks to complete the sentences. Then put the events in order.

A. Un beau jour _____ , les trois amis vont à la plage et construisent un château de sable.

B. Un des pirates explique qu'ils sont en train de _____ un film.

C. Puis, ils entendent des voix…ce sont des _____ pirates aux barbes longues.

D. Quand des gros nuages couvrent le soleil, ils courent et entrent dans une _____ pour s'abriter.

E. Le réalisateur laisse les enfants regarder le reste du tournage du film. C'est une expérience _____ !

F. Dans un coin, ils trouvent un coffre rempli de _____ !

trésors

grotte

inoubliable

ensoleillé

méchants

tourner

Ordre d'événements

ISBN: 978-1-927042-82-3

À l'écrit

Mets les mots dans le bon ordre pour former des phrases complètes.
Put the words in the correct order to form complete sentences.

A   pas   ont   et   savent comment   très   **Les enfants** s'échapper   peur   ne

B   la   plage   **Jeanne**   les château   utilise   coquilles sur   décorer   le   pour

C   grotte   à   voir   aux une   **Charles**   est   premier il   et   dit   autres   le

D   d'un   lumières   grotte éclairent   **Tout**   coup des   la   brillantes

E   se   finit   tristes   un l'expérience   peu **Ils**   que   sont

A _____

B _____

C _____

D _____

E _____

ISBN: 978-1-927042-82-3   **Complete FrenchSmart** • Grade 7

Conjuguons ensemble

Complète les conjugaisons. Ensuite remplis les espaces avec la bonne conjugaison en utilisant « donner » ou « commencer ».

Complete the conjugations. Then fill in the blanks with the correct conjugation using "to give" or "to begin".

Donner
to give

je	donn__
tu	donn____
il	donn__
elle	donn__
nous	donn_____
vous	donn____
ils	donn_____
elles	donn_____

e
es
ons
ez
ent

Commencer
to begin

je	commenc__
tu	commenc____
il	commenc__
elle	commenc__
nous	commenç_____
vous	commenc____
ils	commenc_____
elles	commenc_____

1. _____
   Blake and I give

2. _____
   you begin

3. _____
   he gives

4. _____
   you and Mary begin

5. _____
   Mr. and Mrs. Green give

6. _____
   Colin and Dean begin

7
Tu me _____ un collier!

ISBN: 978-1-927042-82-3

Conjuguons ensemble

Remplis les espaces à l'aide du tableau sur la page de gauche.

Fill in the blanks with the help of the table on the left page.

1. Jeanne _____ quelques coquilles aux garçons parce qu'ils n'en trouvent pas.

2. Les trois amis _____ leur journée à la plage avec une promenade.

3. La pluie _____ à tomber et les enfants courent à la grotte pour s'abriter.

4. Comme cadeaux, ils _____ des pièces de monnaie aux garçons et un très beau collier à Jeanne.

5. Jeanne _____ à pleurer parce qu'une mouette pique sa glace et s'envole très vite.

6

Je te _____ un balai. Nettoie le désordre!

7

Je _____ tout de suite, je promets!

Résumé de l'histoire

Fais un résumé de l'histoire « Une découverte près de la mer » à l'aide de la phrase et des mots donnés.

Summarize the story "A Discovery by the Sea" with the help of the given sentence and words.

trouver

la grotte

tout d'un coup

inoubliable

entendre

le coffre

C'est un beau jour ensoleillé mais soudainement la pluie commence à

tomber et les trois amis courent pour s'abriter. _____

_____

_____

_____

_____

_____

ISBN: 978-1-927042-82-3

La journée d'Amélie au parc d'attractions

Personnages

Papa
et Maman

Amélie

la princesse

Un samedi matin, Amélie va aller au parc d'attractions pour la première fois avec ses parents. Elle est si enthousiaste et elle veut aller sur tous les **manèges** mais elle sait que ses parents n'ont pas assez d'**argent** pour tous les manèges et peuvent seulement lui en offrir un.

C'est tellement difficile de choisir. Je vais essayer le **Royaume** Enchanté!

Réponses courtes

1. Pourquoi est-ce qu'Amélie ne peut pas aller sur tous les manèges?

2. Qu'est-ce que les enfants font sur la Danse des Sirènes?

ISBN: 978-1-927042-82-3

Amélie regarde les enfants sur la Danse des Sirènes qui rient, crient avec joie et s'éclaboussent dans l'eau à la fin du manège. Ensuite elle passe par le **Château** de la Princesse. Elle veut entrer là aussi pour rencontrer la princesse.

Ouah! Cela paraît amusant aussi!

Maman, regarde! J'aime bien le Château de la Princesse.

Le château est ruiné de nouveau.
The castle is ruined again.

Nouveaux mots
New Words

le manège : ride   **l'argent** : money

le royaume : kingdom   **le château** : castle

Elle continue à explorer les manèges du parc et voit la Grande Ourse qui **a l'air** de descendre très rapidement. **À côté**, elle voit le Grand Carrousel avec des beaux chevaux blancs, bruns et noirs qui tournent et tournent.

Regarde les beaux chevaux!

Réponses courtes

1. Où est-ce qu'on peut trouver les chevaux?

2. Qu'est-ce qu'il y a dans le tunnel?

ISBN: 978-1-927042-82-3

Finalement, Amélie choisit le manège final, la Maison Hantée. Elle veut essayer ce manège étrange avec ses parents car elle a peur.

Le train entre dans un tunnel sinistre et les plonge dans le noir. Amélie et ses parents entendent des cris et ensuite ils passent par des fantômes, des monstres et des chauves-souris. Quel manège amusant et effrayant **à la fois**!

Nouvelles expressions
New Expressions

Je peux jongler et faire du monocycle à la fois.
I can juggle and ride a unicycle at the same time.

avoir l'air : to seem

à côté : nearby

à la fois : at the same time

ISBN: 978-1-927042-82-3

Après la Maison Hantée, Amélie et ses parents vont prendre une petite pause. Ils vont ensemble au café pour prendre du thé et des goûters.

Quand c'est le temps de **rentrer** à la maison, Amélie se perd et ne peut pas **retrouver** son chemin. Elle découvre qu'elle est seule dans le parc et non seulement ça…elle est enfermée dans le parc!

Réponses courtes

1. Où est-ce qu'Amélie et ses parents vont pour prendre du thé?

2. Où est-ce qu'Amélie s'assoit?

ISBN: 978-1-927042-82-3

Amélie **s'assoit** sur les marches du Château de la Princesse. Elle ne sait vraiment pas quoi faire. Au-dessus d'elle, il y a une grande image de la princesse. Amélie est si triste qu'elle ne s'aperçoit même pas de l'image.

Qu'est-ce que je dois faire?

Tu t'assois là et je m'assois ici.
You sit there and I sit here.

Nouveaux verbes
New Verbs

rentrer : *to go back*
retrouver : *to find again*
s'asseoir : *to sit*

ISBN: 978-1-927042-82-3

Soudainement, la princesse sort de l'image et devient une vraie princesse **devant les yeux** d'Amélie. La princesse va vers Amélie qui est si enchantée qu'elle ne peut pas bouger.

« Bonjour Amélie! Aujourd'hui tu es allée sur un manège. Veux-tu essayer d'autres? » la princesse lui demande.

Réponses courtes

1. D'où est-ce que la princesse vient?

2. Qui accompagne Amélie sur le manège la Danse des Sirènes?

ISBN: 978-1-927042-82-3

Amélie est la fille **la plus chanceuse**! Elle dit à la princesse qu'elle veut aller sur la Danse des Sirènes et voilà qu'elle est dans le manège!

Une sirène l'accompagne et elles **crient de joie** ensemble.

Ensuite elle va sur la Grande Ourse et cette fois c'est Capitaine Courageux qui l'accompagne! C'est encore plus amusant que la Danse des Sirènes!

Félicitations! Tu es la concurrente la plus chanceuse!
Congratulations! You are the luckiest contestant.

Nouvelles expressions
New Expressions

devant les yeux : before the eyes
la plus chanceuse : the luckiest
crier de joie : scream/shout with joy

Après, la princesse décide de l'amener au Grand Carrousel où Amélie **choisit** un joli cheval blanc qui **sourit**. La princesse regarde Amélie s'amuser et les deux sourient.

Elle tourne et tourne sans arrêt sur le manège le plus lumineux, les Ailes des Fées. Il y a même des fées qui **volent** autour d'Amélie.

Réponses courtes

1. Est-ce que la princesse l'accompagne sur le Grand Carrousel?

2. Qu'est-ce qu'Amélie fait au Château de la Princesse?

ISBN: 978-1-927042-82-3

Ensuite Amélie prend du thé et des goûters au château avec la princesse et ses invités spéciaux. Ils parlent tous de leur journée et Amélie ne peut pas décider son moment préféré. Après cette journée amusante, Amélie est vraiment fatiguée. Elle commence à s'endormir et à faire des beaux rêves.

Je suis certaine qu'elle s'est amusée avec nous!

Je souris pour tous les appareils photo!
I smile for all the cameras!

Nouveaux verbes
New Verbs

choisir : to choose

sourire : to smile   *voler : to fly*

s'apercevoir p.175 *: to notice*

ISBN: 978-1-927042-82-3

« Réveille-toi, Amélie! Il est temps d'aller à la maison », lui dit son père. La voix de son père est si douce qu'Amélie ne sait pas si c'est réelle.

Est-ce que j'ai fait un rêve?

Elle ouvre ses yeux et elle se trouve dans le café avec ses parents. Elle regarde ses parents qui lui sourient. « Pourquoi souriez-vous comme ça? » elle leur demande.

Réponses courtes

1. **Qui réveille Amélie?**

2. **Est-ce qu'Amélie pense qu'elle fait un rêve?**

ISBN: 978-1-927042-82-3

C'est le temps de retourner à la maison. Quand ils passent par le Château de la Princesse, Amélie regarde l'image de la princesse.

La princesse lui fait un clin d'œil! « Ouah, c'était réel! » pense Amélie avec une grande joie.

Merci pour une journée merveilleuse, Princesse!

Coin de grammaire
Grammar Corner

*On utilise **le futur proche** pour exprimer une intention, une action ou un événement dans un futur proche.*

On forme le futur proche avec le verbe « aller » conjugué au présent et l'infinitif du prochain verbe.

Amélie **va** **aller**
au présent *l'infinitif*
au parc d'attractions.

ISBN: 978-1-927042-82-3

Est-ce que tu te rappelles?

Remplis les espaces pour compléter les phrases. Ensuite mets les événements en ordre.

Fill in the blanks to complete the sentences. Then put the events in order.

A. Amélie va aller au parc d'attractions avec ses parents mais elle peut seulement aller sur un _____ .

manège	autres
prend	yeux
rêve	sourit

B. Amélie _____ du thé avec la princesse et Amélie ne peut pas décider son moment préféré de la journée.

C. Ils vont prendre une petite pause au café où Amélie s'endort et fait un _____ qu'elle est enfermée dans le parc.

D. Amélie pense qu'elle a fait un rêve mais quand elle passe par le Château de la Princesse, elle regarde la princesse qui lui _____ .

E. Amélie s'endort encore et quand elle ouvre ses _____ elle est dans le café avec ses parents.

F

Bonjour Amélie! Aujourd'hui tu es allée sur un manège. Veux-tu essayer d'_____ ?

Ordre d'événements

ISBN: 978-1-927042-82-3

Corrige les erreurs

Corrige les erreurs d'orthographe, de conjugaison et de ponctuation dans le paragraphe suivant.

Correct the spelling, conjugation, and punctuation errors in the following paragraph.

Il y a 20 erreurs en total!

Une samedi matin, Amélie vont aller avec ses parent aux parc d'attractions. Elle sais que ses parents n'a pas asez d'argent et qu'elle peux seulment alle sur un manege Elle choisis la Maison Hantée et ils s'amuse beaucoup. Ensuite ils vont au cafe pour prendre du the et elle s'endors.

Elle fait un rêve ou la princesse l'amène sur tous les manège et ensuit elle se réveille au café avec ses parents.

ISBN: 978-1-927042-82-3

Conjuguons ensemble

Complète les conjugaisons. Ensuite remplis les espaces avec la bonne conjugaison en utilisant « passer » ou « sourire ».

Complete the conjugations. Then fill in the blanks with the correct conjugation using "to pass" or "to smile".

Passer
to pass

je	pass___
tu	pass___
il	pass___
elle	pass___
nous	pass___
vous	pass___
ils	pass___
elles	pass___

e	s
es	t
ons	ons
ez	ez
ent	ent

Sourire
to smile

je	souri___
tu	souri___
il	souri___
elle	souri___
nous	souri___
vous	souri___
ils	souri___
elles	souri___

1. _____
   Nick smiles

2. _____
   Andrew and I pass

3. _____
   Mrs. Jacobs passes

4. _____
   Kelly and Anne pass

5. _____
   you and Sarah smile

6 Je _____ à mes amis.

ISBN: 978-1-927042-82-3

Conjuguons ensemble

Remplis les espaces à l'aide du tableau sur la page de gauche.
Fill in the blanks with the help of the table on the left page.

1.   Sur le Grand Carrousel, le cheval qu'Amélie choisit lui _____ .

2.   Amélie et la princesse s'amusent beaucoup ensemble et les deux

_____ .

3.   Elle _____ par le Château de la Princesse et elle veut entrer là

aussi.

4.   « Est-ce que nous _____ par la Maison Hantée? » elle demande

à ses parents.

5.   Quand le train entre dans le tunnel, ils _____ par des fantômes

et des monstres.

Pourquoi est-ce que tu _____

quand elle _____ près de toi?

Résumé de l'histoire

Fais un résumé de l'histoire « La journée d'Amélie au parc d'attractions » à l'aide de la phrase et des mots donnés.

Summarize the story "Amelia's Day at the Theme Park" with the help of the given sentence and words.

La journée d'Amélie au parc d'attractions

un manège

s'endormir

choisir

un rêve

se perdre

la journée

Amélie est si enthousiaste parce qu'elle va aller au parc d'attractions avec ses parents. _____

_____

_____

_____

_____

_____

ISBN: 978-1-927042-82-3

Diamants et crapauds

Personnages

la jeune fille

la mère et la
sœur aînée

la vieille
femme

ISBN: 978-1-927042-82-3

Il était une fois une jeune fille qui vivait avec sa mère et sa sœur **aînée**. Sa sœur était la préférée de sa mère car les deux étaient paresseuses et très difficiles avec tout le monde.

> Maman, j'ai des fleurs pour vous.

Un jour, la jeune fille cueille un petit bouquet de fleurs pour sa mère et sa sœur. Mais elles reçoivent le cadeau **avec mépris**.

Réponses courtes

1. Qui est la fille préférée de la mère?

2. Est-ce que la jeune fille est paresseuse et difficile?

ISBN: 978-1-927042-82-3

Au contraire de sa mère et de sa sœur, la jeune fille est très travailleuse et gentille. Elle n'est **pas du tout** paresseuse comme elles. C'est elle qui fait toutes les tâches ménagères à la maison. C'est elle qui nettoie la maison, c'est elle qui cuisine, c'est elle qui fait tout en fait!

Qu'est-ce qui te prend si longtemps?

Je suis ton frère aîné.
I am your elder brother.

Nouvelles expressions
New Expressions

aîné(e) : elder

avec mépris : with scorn

pas du tout : not at all

Chaque jour, la jeune fille marche pendant des heures pour chercher de l'eau d'un puits. Un jour, il y a une vieille femme assise près du puits. « J'ai tellement soif, est-ce que tu peux me donner un peu d'eau à boire? » elle demande à la jeune fille.

Voilà.

Tout de suite, la fille **remplit** son pichet et elle donne à boire à la vieille femme. La jeune fille est contente de pouvoir aider quelqu'un.

Réponses courtes

1. Qu'est-ce que la jeune fille fait chaque jour?

2. Pourquoi est-ce que la vieille femme lui donne un cadeau?

ISBN: 978-1-927042-82-3

La vieille femme **révèle** qu'elle est en fait une bonne fée. Elle fait un geste de la main et dit à la jeune fille : « Tu es une fille généreuse et gentille et je veux te donner un cadeau pour te **remercier**. »

Quand la jeune fille **ouvre** la bouche pour lui remercier, une rose et deux perles tombent de sa bouche.

Nouveaux verbes
New Verbs

Ouvre la boîte pour voir ce qui est à l'intérieur.

Open the box to see what is inside.

remplir : to fill

révéler : to reveal

remercier : to thank   *ouvrir : to open*

La jeune fille ne sait pas quoi faire car elle ne peut pas ouvrir sa bouche sans avoir des roses, des perles et des diamants qui tombent. Elle court rapidement à la maison et raconte ce qui s'est passé à sa mère et à sa sœur.

Quand elle raconte l'histoire, des diamants et des perles tombent de sa bouche **comme des gouttes d'eau**.

Réponses courtes

1.   **Qu'est-ce qui tombe de la bouche de la jeune fille?**

2.   **Qu'est-ce que la mère dit à sa fille aînée de faire?**

ISBN: 978-1-927042-82-3

La mère est **non seulement** paresseuse et difficile mais avide aussi. Elle veut avoir le même cadeau pour sa fille aînée et pense à un plan.

Demain, tu vas aller au puits comme ta sœur le fait. La vieille femme va sûrement te donner un meilleur cadeau qu'elle.

Le lendemain, la fille aînée va au puits pour trouver la vieille femme. Elle espère recevoir **le même** cadeau que sa sœur.

Nous sommes les mêmes!
We are the same!

Nouvelles expressions
New Expressions

comme des gouttes d'eau : like drops of water
non seulement : not only
le même : the same

ISBN: 978-1-927042-82-3

Après un long chemin, la fille aînée est fatiguée et très **fâchée**. Elle s'approche du puits et voit tout de suite une femme riche **assise** près du puits. La femme riche lui demande un peu d'eau à boire.

« Cette femme n'est pas la bonne fée que je cherche », pense la fille aînée et décide qu'elle ne va pas aider la femme riche.

Fais-le toi-même!

Réponses courtes

1. Qui est la femme riche assise près du puits?

2. Est-ce que la fille aînée reçoit le même cadeau que sa sœur?

ISBN: 978-1-927042-82-3

Soudainement, la femme riche se transforme en bonne fée.

Je suis la bonne fée que tu cherches.

« Tu es une fille si **impolie**, méchante et pas généreuse du tout. Je vais te donner un cadeau mais ton cadeau va être très différent de celui de ta sœur », lui dit la bonne fée.

La fille aînée a si peur qu'elle commence à courir à la maison le plus vite possible.

Pourquoi es-tu fâchée?
Why are you angry?

Nouveaux mots
New Words

fâché(e) : angry

assis(e) : seated

impoli(e) : rude

ISBN: 978-1-927042-82-3

Quand la fille aînée arrive à la maison, elle essaie de raconter à sa mère et à sa sœur ce qui s'est passé mais elle ne peut pas. Des crapauds et des serpents sortent de sa bouche. Sa sœur est très choquée et triste pour elle et **ressent** sa douleur.

5

Maman, aide-moi!

Réponses courtes

1. Qu'est-ce qui sort de la bouche de la fille aînée comme « cadeau »?

2. Pourquoi est-ce que la jeune fille part de la maison?

ISBN: 978-1-927042-82-3

Sa mère est furieuse avec la jeune fille. Elle la **blâme** pour tout ce qui arrive à la fille aînée.

Tu n'es plus ma fille. Pars très loin et ne **reviens** jamais.

La jeune fille est très triste mais elle part tout de suite comme lui demande sa mère.

Ils me blâment pour le désordre.
They blame me for the mess.

Nouveaux verbes
New Verbs

ressentir : to feel

blâmer : to blame

revenir : to come back

ISBN: 978-1-927042-82-3

La jeune fille marche dans la forêt et pleure sans pouvoir s'arrêter. Elle laisse derrière elle des perles, des roses et des diamants.

D'où viennent tous ces diamants?

Un prince voyage sur le même chemin que la fille et il voit le chemin qui brille. Il ne peut pas croire ses yeux et il commence à suivre la piste des bijoux jusqu'à la jeune fille.

Réponses courtes

1. Comment est-ce que le prince trouve la jeune fille?

2. Qu'est-ce que c'est la fin de cette histoire?

ISBN: 978-1-927042-82-3

Quand le prince rencontre la jeune fille, il voit qu'elle est gentille et généreuse. La jeune fille aussi peut voir que le prince est un jeune homme noble et juste. Il lui demande ce qu'elle fait dans la forêt toute seule et elle lui raconte ce qui s'est passé avec sa mère.

Les deux tombent amoureux et se marient dans le royaume du prince. Jusqu'à ce jour, ils vivent encore heureux ensemble.

Elle <u>espère</u> <u>recevoir</u> le même cadeau.
verbe conjugué   l'infinitif

Coin de grammaire
Grammar Corner

Elle <u>essaie</u> <u>de</u> <u>raconter</u> à sa mère.
verbe conjugué ↑   l'infinitif
        préposition

Quand il y a deux verbes, un après l'autre, le premier se conjugue et le deuxième reste toujours à l'infinitif.

Parfois il y a des prépositions entre les deux.

Est-ce que tu te rappelles?

Remplis les espaces pour compléter les phrases. Ensuite mets les événements en ordre.

Fill in the blanks to complete the sentences. Then put the events in order.

A. Quand la jeune fille ouvre la bouche, des perles, des roses et des diamants _____ .

B. Un jeune prince la trouve dans la forêt et les deux tombent _____ , se marient et vivent heureux ensemble.

C. Une jeune fille habite avec sa mère et sa sœur _____ qui ne l'apprécient pas et elle fait tout le travail à la maison.

D. La mère est si fâchée que des crapauds et des serpents tombent de la bouche de la fille aînée qu'elle dit à la jeune fille de _____ .

amoureux
tombent
méchante
partir
aînée
puits

E. Un jour, quand la jeune fille va au _____ , elle rencontre une bonne fée qui lui donne un beau cadeau .

F. La fille aînée va au puits mais elle est impolie et _____ et la bonne fée lui donne un cadeau différent.

Ordre d'événements

☐ → ☐ → ☐ → ☐ → ☐ → ☐

ISBN: 978-1-927042-82-3

Qui a dit quoi?

Quels personnages de l'histoire ont dit les phrases suivantes? Relie la phrase au personnage qui correspond.

Which characters from the story said the following sentences? Match the sentence with the corresponding character.

A.   « Bien sûr, je vais vous donner de l'eau à boire gentille vieille femme. »

B.   « Qu'est-ce que tu fais toute seule dans la forêt…Veux-tu te marier avec moi? »

C.   « Pars très loin et ne reviens jamais ici car tu n'es plus ma famille et ce n'est plus ta maison. »

D.   « Tu es une fille généreuse et gentille. Pour ton aide, je veux te donner un cadeau pour te remercier. »

E.   « Je veux le même cadeau car je veux avoir des perles et des diamants qui tombent de ma bouche. »

Conjuguons ensemble

Complète les conjugaisons. Ensuite remplis les espaces avec la bonne conjugaison en utilisant « tomber » ou « ouvrir ».

Complete the conjugations. Then fill in the blanks with the correct conjugation using "to fall" or "to open".

Tomber
to fall

| e |
| es |
| ons |
| ez |
| ent |

je	tomb__
tu	tomb___
il	tomb__
elle	tomb__
nous	tomb____
vous	tomb___
ils	tomb____
elles	tomb____

Ouvrir
to open

j'	ouvr__
tu	ouvr___
il	ouvr__
elle	ouvr__
nous	ouvr____
vous	ouvr___
ils	ouvr____
elles	ouvr____

1. _____
   Felicity and Ann open

2. _____
   Mike and I fall

3. _____
   Mrs. Doyle falls

4. _____
   you fall

5. _____
   she opens

6. _____
   Tom and Simon open

7. _____
   Tucker and Clara fall

8 Quand j'_____ ma bouche, il y a des perles.

ISBN: 978-1-927042-82-3

Conjuguons ensemble

Remplis les espaces à l'aide du tableau sur la page de gauche.
Fill in the blanks with the help of the table on the left page.

1. Quand la jeune fille _____ la bouche pour lui remercier, une rose et deux perles tombent de sa bouche.

2. « J'_____ ma bouche pour parler mais je ne peux pas! » la fille aînée dit.

3. « Est-ce que tu _____ amoureuse? » demande le jeune prince à la jeune fille.

4. « Si nous _____ amoureux tu vas être mon prince pour toujours », elle lui répond.

5. Quand la fille aînée ouvre la bouche, des crapauds _____ .

6. Dépêchez-vous!
Je _____ !

7. Nous _____ le filet!

Résumé de l'histoire

Fais un résumé de l'histoire « Diamants et crapauds » à l'aide de la phrase et des mots donnés.

Summarize the story "Diamonds and Toads" with the help of the given sentence and words.

assise

un cadeau

la bonne fée

raconter

la bouche

amoureux

Une jeune fille vivait avec sa mère and sa sœur aînée. Un jour, _____

_____

_____

_____

_____

_____

_____

_____

ISBN: 978-1-927042-82-3

1. Make your conjugation book.

   a. Cut out pages 209 to 212.

   b. Cut along the dotted lines to make six spread pages.

   c. Fold the spread pages and put them in order.

   d. Staple them.

2. Complete the dialogues on page 207 with the help of the conjugation book. Then copy the correct dialogues in the boxes.

3. Write a short paragraph on page 208 to describe the picture with the help of the given words.

Amusons-nous dehors!

Let's Have Fun Outside!

ISBN: 978-1-927042-82-3

Je _____ goûter le gâteau.
_{to want}

_____ à ta cage, mon oiseau.
_{to come back}

Regarde-les, Teddy. C'_____
_{to be}
tellement amusant!

Je _____ qu'ils _____
_{to think}   _{to be}
incroyables aussi!

_____ les boutons maintenant!
_{to plant}

Je _____ des livres au sujet des
_{to read}
ours. Ils _____ des animaux
_{to be}
incroyables!

L'oiseau _____ juste à temps!
_{to arrive}

_____ avec nous.
_{to eat}

Je _____ que nous _____
_{to believe}   _{to be able to}
être des jardiniers!

Je _____ des livres au sujet des
_{to read}
tigres. Ils _____ des animaux
_{to be}
effrayants!

_____ les graines maintenant.
_{to plant}

ISBN: 978-1-927042-82-3

Amusons-nous dehors!

Let's Have Fun Outside!

le chien

l'oiseau

la cage

les assiettes

Les ours

le livre

les graines

C'est une belle journée pour s'amuser dehors. _____

_____

_____

_____

_____

_____

_____

_____

ISBN: 978-1-927042-82-3

Mon livre de **Conjugaison**
My Conjugation Book

	couvrir to cover	**dire** to say
je	couvre	dis
tu	couvres	dis
il	couvre	dit
elle	couvre	dit
nous	couvrons	disons
vous	couvrez	dites
ils	couvrent	disent
elles	couvrent	disent

21

	avoir to have
j'	ai
tu	as
il	a
elle	a
nous	avons
vous	avez
ils	ont
elles	ont

2

	venir to come	**convaincre** to convince
je	viens	convaincs
tu	viens	convaincs
il	vient	convainc
elle	vient	convainc
nous	venons	convainquons
vous	venez	convainquez
ils	viennent	convainquent
elles	viennent	convainquent

19

Tu manges mon poisson!

4

ISBN: 978-1-927042-82-3

	être to be	**faire** to do
je	suis	fais
tu	es	fais
il	est	fait
elle	est	fait
nous	sommes	faisons
vous	êtes	faites
ils	sont	font
elles	sont	font

1

22

	planter to plant	**manger** to eat
je	plante	mange
tu	plantes	manges
il	plante	mange
elle	plante	mange
nous	plantons	mangeons
vous	plantez	mangez
ils	plantent	mangent
elles	plantent	mangent

3

	sortir to go out	**découvrir** to discover
	sors	découvre
	sors	découvres
	sort	découvre
	sort	découvre
	sortons	découvrons
	sortez	découvrez
	sortent	découvrent
	sortent	découvrent

20

	arrêter to stop	**envoyer** to send
j'	arrête	envoie
tu	arrêtes	envoies
il	arrête	envoie
elle	arrête	envoie
nous	arrêtons	envoyons
vous	arrêtez	envoyez
ils	arrêtent	envoient
elles	arrêtent	envoient

5

18

ISBN: 978-1-927042-82-3

	pouvoir to be able to	**croire** to believe
je	peux	crois
tu	peux	crois
il	peut	croit
elle	peut	croit
nous	pouvons	croyons
vous	pouvez	croyez
ils	peuvent	croient
elles	peuvent	croient

17

	trouver to find	**penser** to think
	trouve	pense
	trouves	penses
	trouve	pense
	trouve	pense
	trouvons	pensons
	trouvez	pensez
	trouvent	pensent
	trouvent	pensent

6

	lire to read	**vouloir** to want
je	lis	veux
tu	lis	veux
il	lit	veut
elle	lit	veut
nous	lisons	voulons
vous	lisez	voulez
ils	lisent	veulent
elles	lisent	veulent

15

Elle touche le cactus.

8

	sauver to save	**se moquer** to make fun
je	sauve	me moque
tu	sauves	te moques
il	sauve	se moque
elle	sauve	se moque
nous	sauvons	nous moquons
vous	sauvez	vous moquez
ils	sauvent	se moquent
elles	sauvent	se moquent

13

	arriver to arrive
j'	arrive
tu	arrives
il	arrive
elle	arrive
nous	arrivons
vous	arrivez
ils	arrivent
elles	arrivent

J'arrive!

10

ISBN: 978-1-927042-82-3

	toucher to touch	**passer** to pass
je	touche	passe
tu	touches	passes
il	touche	passe
elle	touche	passe
nous	touchons	passons
vous	touchez	passez
ils	touchent	passent
elles	touchent	passent

7

revenir to come back

Reviens!

	reviens
	reviens
	revient
	revient
	revenons
	revenez
	reviennent
	reviennent

16

	se réveiller to wake up
je	me réveille
tu	te réveilles
il	se réveille
elle	se réveille
nous	nous réveillons
vous	vous réveillez
ils	se réveillent
elles	se réveillent

9

	réussir to succeed	**finir** to finish
	réussis	finis
	réussis	finis
	réussit	finit
	réussit	finit
	réussissons	finissons
	réussissez	finissez
	réussissent	finissent
	réussissent	finissent

14

	jouer to play	**pousser** to grow
je	joue	pousse
tu	joues	pousses
il	joue	pousse
elle	joue	pousse
nous	jouons	poussons
vous	jouez	poussez
ils	jouent	poussent
elles	jouent	poussent

11

respirer to breathe

Nous respirons...

	respire
	respires
	respire
	respire
	respirons
	respirez
	respirent
	respirent

12

ISBN: 978-1-927042-82-3